그린이 | 김만희

화가 김만희는 1931년에 부산에서 태어나 대전사범학교를 졸업하고 경희대학원을 수료했습니다. 한국전통미술인회 회장을 지냈고 한국민속화자료 개인전을 국내외 막론하고 수십 회 하였습니다. 현재 서울시 무형 문화재 제18호 민화장입니다. 지은 책으로는 『우리가 정말 알아야 할 우리 풍속화 백가지』가 있습니다.

글쓴이 | 신현득

신현득 선생은 1933년 경북 의성에서 태어나, 1959년 조선일보 신춘문예 동시 부문에 입선한 뒤 어린이들을 위해 글을 써 왔습니다. 안동사범학교를 나와 초등학교에 근무했으며, 소년한국일보에서 취재부장을 지냈고, 대학에서 약 20여 년 동안 아동문학을 강의하였습니다. 지은 책으로는 동시집 『고구려의 아이』, 동화집 『연필과 지우개 싹이 텄대요』, 『어린이 팔만대장경』 등이 있습니다. 현재 집에서 어린이를 위한 글을 쓰고 계십니다.

제7차 초등교육과정을 포함한 우리아이전문가프로젝트
어린이가 정말 알아야 할 우리민속도감

초판 1쇄 발행 | 2006년 6월 5일
초판 7쇄 발행 | 2013년 12월 30일

글쓴이 | 신현득
그린이 | 김만희
펴낸이 | 조미현

인쇄 | 영프린팅
제책 | 신안제책사

펴낸곳 | (주)현암사
등록 | 1951년 12월 24일 · 제10-126호
주소 | 121-839 서울시 마포구 서교동 481-12
전화번호 | 365-5051 · 팩스 | 313-2729
전자우편 | child@hyeonamsa.com
트위터 | www.twitter.com/hyeonami
페이스북 | www.facebook.com/hyeonami

글 ⓒ (주)현암사 2006
그림 ⓒ 김만희 2006

* 저작권자와 협의하지 않고 이 책을 무단으로 복제하거나 다른 용도로 쓸 수 없습니다.
* 지은이와 협의하여 인지를 생략합니다.
* 잘못된 책은 바꾸어 드립니다.

ISBN 978-89-323-7050-7 76380

제7차 초등교육과정을 포함한 우리아이전문가프로젝트

어린이가 정말 알아야 할
우리민속도감

제7차 초등교육과정을 포함한 우리아이전문가프로젝트

어린이가 정말 알아야 할
우리민속도감

신현득 글
김만희 민속화 그림

 '민속' 공부는 '역사' 공부

민속을 알아보는 일은 매우 중요한 공부입니다. 민속이 우리 문화의 바탕이기 때문입니다.

우리 조상들은 오랜 동안 한 겨레로 공동생활을 해 오면서 남다른 문화를 이루었습니다. 그러므로 조상들이 쓰던 물건 하나하나에는 겨레의 슬기가 스며 있습니다. 우리 문화는 이러한 조상들의 슬기에서 시작된 것입니다.

『어린이가 정말 알아야 할 우리민속도감』은 우리나라 어린이라면 정말 알아야 할 민속품을 소개하고 그 쓰임을 알아볼 수 있게끔 만든 책입니다.

우선 민속의 갈래를 「주생활」, 「의생활」, 「식생활」, 「가구와 생활소품」, 「군사장비와 형구」, 「신앙과 놀이」로 나누고, 이를 차례로 엮었습니다.

옛적 우리 할아버지들은 농사를 지으면서 초가에서 살았습니다. 형편이 좋은 사람은 기와집에서 살기도 하였습니다. 이것이 오늘과는 다른 옛날의 주생활이었습니다.

또 우물을 파서 그 물을 식수로 하고, 곡식을 찧고 빻을 때에는 방아·연자매·절구·맷돌 등을 이용하였습니다. 이것이 모두 식생활 용구입니다.

우리 조상들은 비단과 무명과 삼베를 집에서 직접 짜서 옷을 지어 입었는데, 바로 한복입니다. 이것이 옛날의 의생활이었습니다.

가구와 생활소품도 있었습니다. 대부분 나무로 만든 공예품으로 서안·사방탁자·문갑 등이 있었습니다. 이들 가구는 예쁜 그림이나 장석을 곁들인 훌륭한 예술품이었습니다.

투구와 갑옷은 옛적부터 장수들이 적으로부터 몸을 보호하기 위해 지녔던 장비였습니다. 칼·창·조총 등 군사들이 지녔던 무기도 어린이들의 흥밋거리입니다.

우리나라 사람은 아득한 옛적부터 집안과 가족과 마을을 지켜주는 신이 있다고 믿어왔습니다. 재앙을 막기 위해서 부적을 집 안에 붙이기도 하고, 몸에 지니기도 하였습니다. 이것이 우리 조상들의 신앙이었습니다.

고싸움·남사당놀이와 여러 가지 탈춤과 민속놀이와 여러 가지 악기도 민속 자료입니다.

이처럼 많은 민속자료들은 우리나라 기후와 자연과 우리나라 사람의 생각과 일의 효과에 맞도록 발달하여 우리의 문화가 되었습니다.

『어린이가 정말 알아야 할 우리민속도감』을 통해 조상들 손에서 가꾸어진 민속 공예와 도구를 공부하고 나면, 조상의 슬기와 생활모습을 알게 될 것입니다. 그것이 '우리 역사'를 알고 나라와 겨레와 나를 아는 값진 공부가 될 것입니다.

2006년 5월
신현득

 우리 민속 문화를 우리 어린이에게 물려주자

민속이란 옛적부터 민간에서 전승되어 온 우리의 풍습이나 습관, 전설, 심의(마음의 본바탕), 신앙 등을 말합니다. 우리 생활과 아주 밀접한 관계에 놓여 있는 것이 민속입니다.

민속은 여러 세대를 거치면서 자연스레 변화해 왔습니다. 때로는 사회 환경에 맞지 않거나 용도가 바뀔 때는 자연스럽게 소멸하면서 말입니다. 민속은 우리와 함께 울고 웃으면서 오랜 세월을 함께 해 왔습니다.

한국전쟁 이후 새마을 사업이 한창일 때의 일입니다. 초가집과 낡은 것을 없애자는 구호가 일었습니다. 참으로 슬픈 현실이었습니다. 오랜 역사와 자손대대로 이어 온 자취들이 점점 사라져 가는 모습을 보기에도 안타까웠습니다. 심사숙고 끝에 "사라져 가는 민속 문화를 기록으로 남기자"는 목표로 1968년부터 전국의 사적지, 박물관, 사찰, 촌락, 골동 및 민속자료 소장가를 찾아다니기 시작했습니다. 카메라와 스케치북만 달랑 들고 산간벽지나 이름 없는 오지마을을 헤매고 돌아다녔습니다. 이를 본 사람들 중에는 좋은 일을 한다며 격려를 해 주기도 했지만, 어떤 사람들은 오히려 이상한 사람으로 오해해서 생명의 위협을 받기도 했습니다. 이렇게 몇 년 동안 답사를 해서 어렵사리 사진을 수집했습니다. 이 사진과 실물을 토대로 하나둘 스케치를 해 나갔습니다. 그림을 그릴 때에는 사실과 틀림없이 정확하게 고증하는 데 최선의 목표를 두었습니다. 이렇게 그린 그림을 1972년「제1회 김만희 수집작, 민속화 자료전」에서 처음으로 사람들에게 선보였습니다. 우리 민속의 중요성을 잊고 지내던 많은 사람들에게 민속 문화의 중요성을 일깨워 주는 좋은 기회였습니다.

그리고 우수한 우리 민속 문화를 우리 어린이에게도 보여주고자 (주)현암사와 손을 잡고『어린이가 정말 알아야 할 우리민속도감』을 펴내게 되었습니다.

이 책은 30년 동안 고증해서 그린 민속화(민화)로, 우리 민속의 기록이라 할 수 있습니다. 부모와 아이가 함께 우리의 뿌리를 살펴 볼 수 있는 도감입니다.

이 책 속의 민속자료는 오늘날 전통미술자료, 디자인자료, 교육관광자료로 활용될 수 있는 의미 있는 자료일뿐더러 후세에 물려줄 귀한 유산입니다. 이 책을 통해 우리 조상들의 지혜와 나누는 넉넉함을 배울 수 있게 되기를 바랍니다.

이 책에 게재된 그림은 현지에서 실물에 의해 수집된 것이고, 그 중 일부는 고문헌자료에 의한 것입니다. 이 그림을 그릴 수 있도록 도와 준 많은 분들과 박물관장님께 고마운 마음을 전합니다.

2006년 5월
민화장 김만희

어린이가 정말 알아야 할

우리민속도감

머리말 4

찾아보기 188

주생활

초가 10
기와집 14
부엌 16
장독대 18
뒷간 20
굴뚝 22
자물쇠 24
돼지우리 26
외양간 28
닭장 30
목어 32
가마 34
우마차 38

식생활

우물 42
절구 44
맷돌 46
화로 48
다식판 50
뒤주 52
되 54
솥 56
수저와 수젓집 58
신선로 60
도자기 62
찬합 64
신라 토기 66
약틀 68
약연 70

의생활

각대 74
관모 76
남바위·조바위·아얌 78
베틀 80
물레 82
북 84
신 86
노리개 88
바느질 도구 90
혼례복 92
족두리 96
승복 98
토시 100

가구와 생활

서안·경상 104

먹통 106

벼루 108

담배 110

등잔 112

문갑 114

돈궤 116

반닫이 118

사방탁자 120

장롱 122

갓집 124

경대 126

부채 128

장석·가구모양 132

군사장비와 형구

갑옷 138

군악복 140

사령선 142

사명기 144

무기 146

투구 148

형구 150

신앙과 놀이

무신도 154

지옥도 160

부적 162

굿 164

서낭당 166

고성 오광대 168

고싸움 170

남사당놀이 172

연놀이 174

탈춤 178

북청 사자놀음 182

국악기 184

주생활

초가	돼지우리
기와집	외양간
부엌	닭장
장독대	목어
뒷간	가마
굴뚝	우마차
자물쇠	

 초가

'초가草家'는 풀로 지붕을 덮은 집이라는 뜻이다. 대부분의 초가는 나무기둥과 흙벽에 짚으로 지붕을 이었다. 짚 대신 갈대나 띠, 억새로 이은 초가도 있었다. 1960대 새마을운동이 시작되기 전까지 우리나라 농촌 대부분의 집이 초가였다. 초가는 태양열과 찬바람을 막아 주어 여름에는 시원하고 겨울에 따뜻하다.

옛날 농부는 누구나 자기 손으로 초가를 지었다. 터를 다지고, 기둥을 세우고, 들보를 걸치고, 서까래를 얹으면 집의 뼈대가 이루어진다.

지붕을 덮기 위해 엮은 짚을 '이엉'이라 했다. 지붕마루에 덮는 'ㅅ'자 모양으로 엮은 이엉을 '용마름'이라 하였다. 용마름 모양은 기다란 지네 모양이었다. 이엉은 1년이 지나면 상하기 때문에 가을걷이가 끝난 뒤 헌 이엉을 걷어내고, 새 이엉을 이었다. 처마 끝에서부터 이엉을 이어 마지막에 용마름을 덮으면 일이 끝났다. 처마쪽 이엉을 가지런히 자르고, 지붕이 바람을 견딜 수 있게 새끼로 단단히 얽어매었다. 이런 일은 이웃이 서로 거들었다. 걷어낸 헌 이엉은 거름으로 썼다.

초가는 보통 안방, 사랑방, 부엌을 합쳐 세 칸이었다. '초가삼간'이란 말이 여기서 온 것이다. 살림이 넉넉한 집은 방을 몇 칸 더 두기도 했다. 초가의 형태는 마루와 곳간, 방앗간, 외양간이 있는 ㄱ(기역)자, 또는 ㄷ(디귿)자였다. 뒷간은 마당 끝에 멀찍이 두었다.

추녀 밑에는 여러 마리 참새가 와서 집을 지었고, 처마 밑에는 제비집이 있었다. 뒤꼍에다 박을 심어 덩굴을 지붕으로 올렸다. 박 덩굴은 지붕마루를 넘어 새하얀 박꽃을 피우고, 달덩이 같은 박을 익혔다. 집 안에는 우물이 있고, 우물곁에 장독대가 있고, 장독대 옆에 작은 꽃밭이 있었다. 또 타작하기에 넉넉한 마당이 있고, 돌담이나 토담으로 이어진 대문이나 사립문이 있었다. 대문이나 뒷간 지붕도 모두 이엉으로 덮었다.

초가

초가 가을걷이가 끝난 다음 동네 사람들이 모여 집집마다 헌 이엉을 걷어내고 새 이엉을 이었다.

물레방아

초가

초가 대문에도 이엉을 얹었다.

초가 안방, 사랑방, 부엌 세 칸으로 된 초가로 보통 초가삼간이라고 부른다.

안동 민속촌의 초가

초가

초가 둘레에 사람 눈높이 정도로 돌담을 쌓아 올렸다.

기와집

지붕을 기와로 인 집을 기와집이라 한다. 초가보다 돈을 들여서 지은 집이었다. 민간에서 기와집을 지닌 사람은 재산이 있거나 지위가 높은 사람이 대부분이었다.

기와집은 대개 전문 건축업자인 목수가 설계하여 짓고 재목도 좋은 것을 썼다. 그래서 옛날의 목조 건축은 모두 기와집이었다. 궁궐이나 옛 관청 등 공공건물에는 기와를 이었고, 절·향교·문루·비각과 충신이나 효자, 열녀를 기리기 위해 세운 정문旌門도 기와집이었다.

기와집을 이는 기와는 낙랑시대부터 사용되었는데 삼국시대에 크게 발달하여 하나의 공예품 유물로 남게 되었다. 삼국시대에는 집안에 액신이 들어오는 것을 막기 위해 기와에 귀면(귀신의 얼굴)을 새겼다. 옛 기와에서는 연꽃무늬, 귀면 등 여러 가지 무늬를 곁들였다. 이 중에서 신라의 웃는 기와가 유명하다.

기와는 흙을 재료로 만들며 토기를 굽듯이 가마에서 굽는다. 그리고 그 모양과 쓰임에 따라 암키와·수키와, 암막새·수막새·망새 등으로 나눈다. 모양이 평평하여 평기와라고도 부르는 암키와는 지붕에서 빗물이 흐르는 물길이 된다. 수키와는 암키와에 포개는 둥근 모양의 기와이다.

처마 끝에는 막새기와를 얹는다. 막새기와에도 암막새와 수막새가 있다. 이 막새기와의 마구리를 와당瓦當이라 한다. 와당에는 무늬가 있다. 망새는 용마루 양쪽 끝에 얹는 큰 기와인데 치미라고도 한다.

조선시대 민가 중 가장 큰 기와집은 아흔아홉 칸이었다. 이런 집을 대갓집이라 불렀다. 대갓집에는 안채·사랑채·행랑채와 별당·사당을 갖추고, 대문·중문을 두었다.

기와집은 천 년을 간다는 말이 있다. 그러나 우리나라에서는 전란이 많았고 주택개량사업 등도 있어서 많이 남아 있지 않다. 고려 중기에 지은 부석사 무량수전이 가장 오래된 기와집으로 꼽힌다.

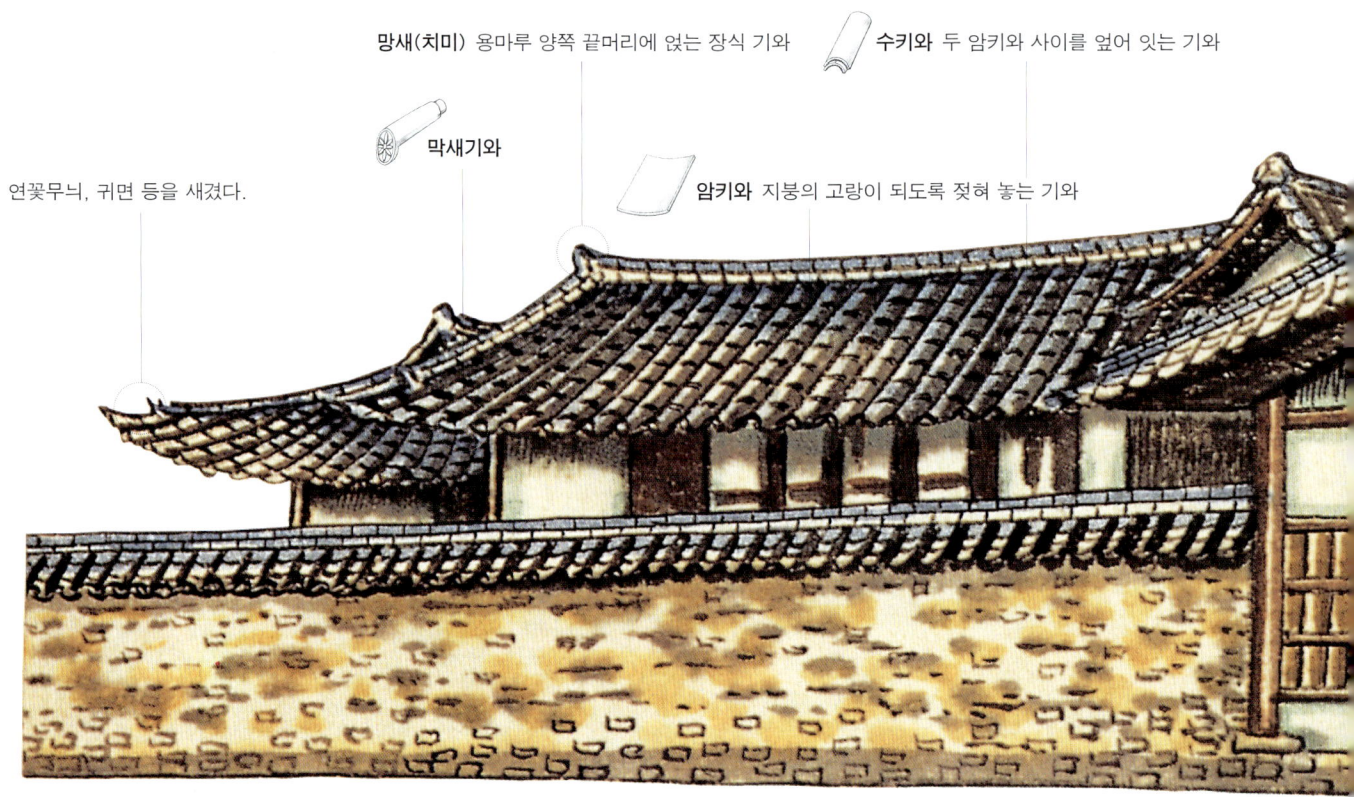

연꽃무늬, 귀면 등을 새겼다.

망새(치미) 용마루 양쪽 끝머리에 얹는 장식 기와

막새기와

수키와 두 암키와 사이를 엎어 잇는 기와

암키와 지붕의 고랑이 되도록 젖혀 놓는 기와

기와집

기와집

기와 인 문 양반집 대문이나 중문에도 기와를 얹었다.

지붕을 기와로 인 문

주생활 15

부엌

부엌은 집 안에서 밥을 짓고 반찬을 조리하는 곳이다. 지방에 따라 '정지'라 부르기도 한다. 온돌난방이 줄고 아파트 생활을 많이 하면서 '주방廚房'이라는 말로 바뀌어가고 있다.

부엌은 온돌 사용에 맞게 발달해 왔다. 아궁이 구조는 밥을 짓고 방을 데우는 두 가지 기능에 알맞게 만들어졌다. 재래식 부엌 바닥이 방보다 훨씬 낮은 것은 아궁이 불길이 안방 구들을 지나면서 방을 데우도록 하기 위해서이다.

아궁이 위에는 솥을 건다. 솥은 무쇠를 녹여서 만들었다. 보통 부엌에는 두세 개의 솥이 걸려 있어서 밥과 국을 한꺼번에 끓이고, 양이 적은 반찬은 냄비에 따로 지졌다. 큰 솥을 가마솥이라 하는데 많은 양의 음식을 끓이는 데 사용했다.

솥을 걸어 놓은 편편한 언저리가 부뚜막이다. 부뚜막 앞 벽, 손이 닿는 곳에 선반을 만들어 자주 쓰는 그릇을 얹어 놓았다. 이를 살강이라 한다. 그 밖에 조리·바가지·국자·석쇠·따리 등은 벽에 걸고, 따로 큰 시렁을 손에 닿을 곳에 만들어 몇 개의 밥상과 자주 쓰는 부엌 연모를 얹어 두었다.

부뚜막 한쪽에 도마와 식칼·행주 등이 놓이고, 개숫물을 담은 옹자배기가 놓인다. 물을 길어다 담아 두는 그릇을 두멍이라 한다. 두멍으로는 큰 독이 쓰이고 그 위에 짚이나 나무로 만든 뚜껑을 덮었다. 부엌 가까운 뒤꼍에는 김칫독을 묻고, 그 곁에 무 구덩이를 두어 편리하게 김치와 무를 내어다 썼다.

재래식 부엌은 집을 향해서 보아 왼쪽에 둔다. 그것은 밥을 풀 때 대문 쪽으로 내어 퍼서 복이 나가게 하는 일이 없도록 하기 위해서였다.

이처럼 생활에 가까운 것이 부엌이기 때문에 '부뚜막 소금도 집어넣어야 짜다', '부엌에서 숟가락 얻었다', '가마솥이 누구 솥 보고 검다 한다' 등 부엌에 얽힌 여러 속담이 전해 내려온다.

부엌 안 살림살이 도구

부엌 풍구로 바람을 일으켜 왕겨를 땔감으로 아궁이에 불을 지핀다.

풍구의 일종

가마솥과 아궁이

주생활 17

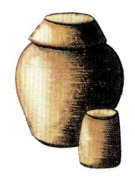 장독대

장독대는 된장·고추장·간장·장아찌 등을 담은 항아리나 독을 놓아두는 곳으로, 우리 전통 가정에서 반드시 갖추어야 할 설비 가운데의 하나이다.

장독대는 햇볕이 잘 들고 그늘이 적은 동쪽이나 남쪽에 두어야 한다. 대부분 뒤꼍에 두지만 대지가 좁은 집에서는 앞마당에 두었다. 돌을 두세 층 쌓아서 가장자리를 만들고 그 안에 작은 돌이나 자갈을 채우는 것이 장독대를 만드는 일반적인 방법이다.

장류를 담는 옹기에는 독과 항아리 등이 있다. 독은 무겁고 큰 옹기그릇으로 배가 불룩하다. 여기에는 된장이나 간장을 담아 둔다. 항아리는 독을 작게 만든 모양이다. 항아리에는 고추장이나 장아찌를 담아 둔다. 몇 개의 독은 뒤쪽에, 여러 개의 항아리는 앞쪽에 놓아 햇빛을 잘 받도록 했다. 독과 항아리에는 특별히 만든 뚜껑이 있지만 자배기를 엎어서 뚜껑으로 삼기도 한다.

장독대를 잘 돌보는 부인은 부지런하고 살림을 잘하는 주부로 인정받았다. 자주 장독에 행주질을 하고, 장맛이 잘 드는지 살펴봐야 했다. 장맛 좋은 집이 인심도 좋다는 말도 있다.

장독대 한쪽 옆에 작은 꽃밭을 일구고, 여기에 봉숭아·백일홍·맨드라미 등 재래종 화초를 심어 두는 것이 일반적인 전통 가정의 모습이었다. 장독대 뒤에 숨어 피는 봉숭아·백일홍·맨드라미 등의 여름 화초는 집안 분위기를 화사하게 돋우었다.

작은 독은 작은 모자
큰 독은 큰 모자.
장독은 하나씩 모자를 쓰고
자배기를 엎어서 모자로 쓰고.
오뉴월 뙤약볕에 몸을 데우며
지나는 소나기를 함빡 맞으며
한 끼에 한 번씩 모자를 벗고
한 끼에 한 번씩 뱃속이 줄고.

신현득, 「장독간」

항아리 고추장·장아찌 등을 담가 둔다. **독** 된장·간장 등을 담가 둔다.

장독대

뒤꼍에다 장독대 대신 된장단지, 항아리를 두기도 한다.

 뒷간

뒷간은 뒤보는 곳이라는 뜻을 지니고 있다. 옛날 사람들은 음식물 소화에서 나오는 배설물을 순한 말로 바꾸어 '뒤'라 하였다. 그래서 '뒤 마렵다'·'뒤 봐야겠다'·'뒷거름'·'뒷간' 등의 말이 생겼다. 이를 변소라 하다가 요즘은 화장실이라는 말을 쓰게 되었다. 뒷간을 '정낭' 또는 '측간'이라 부르기도 한다.

'뒷간은 멀어야 좋다'는 말이 있다. 그래서 뒷간을 방과 떨어진 곳에 두었다. 뒷간 가까이에 거름더미를 두었다. 이는 뒷거름을 거름으로 이용하는 데에 편하도록 하기 위해서였다. 화학비료가 없던 옛날에는 풀을 베어다 썩힌 퇴비와 부엌에서 나오는 재와 마당을 쓸어낸 쓰레기와 뒷거름이 비료의 전부였다. 그래서 뒷거름을 아주 값진 비료로 여겼다. 『명심보감明心寶鑑』에 '집을 이룰 아이는 뒷거름 아끼기를 금과 같이 하고, 집을 망칠 아이는 돈 쓰기를 뒷거름같이 한다'는 가르침도 있다. 알뜰한 사람은 이웃집에서 일을 하다가 뒤가 마려우면 그 집 뒷간에 가지 않고, 자기 집 뒷간으로 와서 뒤를 보았다.

이처럼 뒷거름을 아꼈기 때문에 새 집을 짓고 뒷간을 만들 때에도 공을 들였다. 뒷간 자리에 큰 독을 묻고 그 위에 다듬은 나무를 걸쳤는데, 이것을 뒷간다리라 했다. 그리고 집을 지을 때와 똑같이 흙벽을 쌓고 냄새가 새어나가도록 창을 두었다. 그리고 뒷간다리 앞쪽에 짚을 두어 뒤를 본 다음 닦아 내는 데 사용하도록 하였다. 대개 뒷간에는 농기구를 넣어 두는 헛간과 재를 모아 두는 잿간을 곁들였다.

거름을 논밭에 낼 때는 여러 가지 거름의 성분을 고루 뒤섞었다. 이를 '거름을 뒤진다'고 하였다. 거름을 뒤질 때에는 퇴비와 재를 한 층씩 놓고, 그 위에 뒷거름을 고루 뿌리는 일을 되풀이했다. 이때 뒷간다리를 거두고 뒷거름을 휘저어서 뒷거름 그릇에 퍼 날랐다. 이때 풍기는 뒷거름 냄새는 푸근한 느낌을 주었다.

변기 뒷간 안에는 그림같이 널빤지 두 개를 나란히 두어, 이 위에 다리를 벌리고 쪼그리고 앉게 하였다.

뒷간

민가의 뒷간

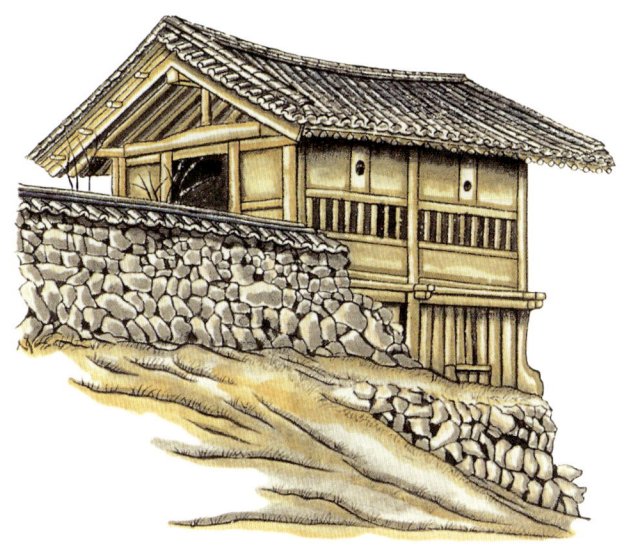
절간의 뒷간

주생활 21

 # 굴뚝

굴뚝은 불을 지핀 연기가 밖으로 빠져나가도록 만든 장치다. 온돌을 사용하던 우리나라의 집은 부엌에서 피어난 연기가 구들 밑 방고래를 지나 집 뒤쪽으로 빠져나가도록 설계되어 있다. 그래서 어느 집이나 굴뚝은 뒤안쪽에 있다. 이것이 벽난로를 사용하는 나라에서 굴뚝을 지붕 위에 두는 것과는 다르다.

세 끼 밥을 짓는 시간이 같기 때문에 집집마다 굴뚝에서 연기 오르는 시간이 일정했다. 해가 지고 시장기가 드는 시간에 굴뚝에서 오르는 저녁연기는 포근한 느낌을 주었다.

산골짜기 오막살이 낮은 굴뚝엔
몽기몽기 웨인 연기 대낮에 솟나,

감자를 굽는 게지 총각 애들이
깜박깜박 검은 눈이 모여 앉아서
입술에 꺼멓게 숯을 바르고
옛이야기 한 커리에 감자 하나씩.

산골짜기 오막살이 낮은 굴뚝엔
살랑살랑 솟아나네. 감자 굽는 내.

윤동주, 「굴뚝」

굴뚝은 연기가 지나는 통로이지만 공기가 밀려들어가기도 한다. 그래서 바람이 심한 날은 아궁이의 불이 잘 들지 않았다. 이 때문에 불이 잘 들게 하려고 굴뚝을 처마보다 높이기도 하였다. 이런 굴뚝은 토관土管을 이어서 만들었다. 대갓집에서는 굴뚝을 벽돌로 쌓고 위에다 집을 짓듯이 기와를 이어서 빗물이 들어가지 않게 하고, 옆을 틔워 연기가 나가도록 하였다. 이것을 연가煙家라 한다. 경복궁 같은 우리나라 궁궐의 부속 건물 굴뚝에는 예술품처럼 보이는 연가가 있다.

굴뚝은 우리 생활에 가까운 것이기 때문에 굴뚝에 연관된 속담이 많다.

굴뚝 막은 덕석 같다(검고 더러운 의복 따위를 가리킨 말).
굴뚝에서 빼놓은 족제비 같다(지저분한 것을 가리킨 말).

민가의 일반적인 굴뚝

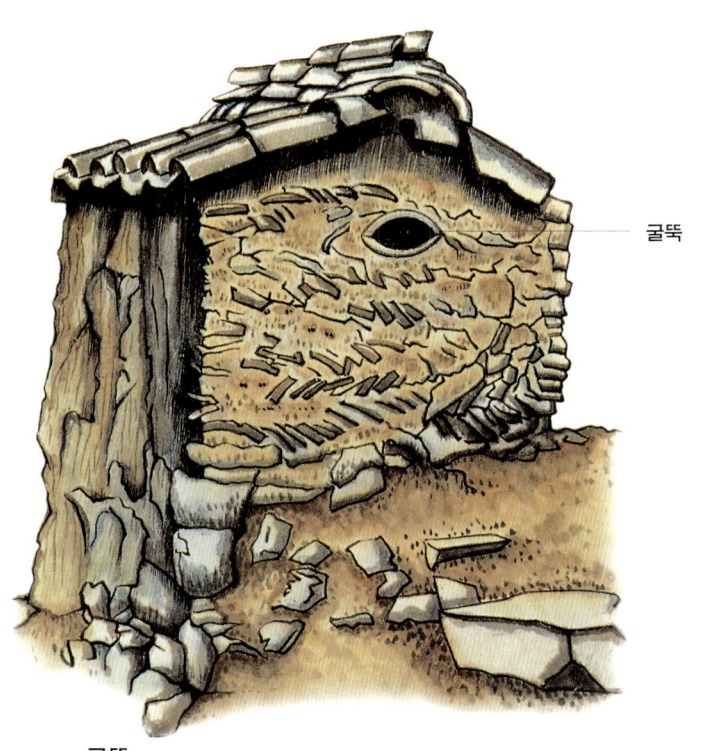

굴뚝

흙으로 만든 굴뚝   옹기그릇으로 만든 굴뚝

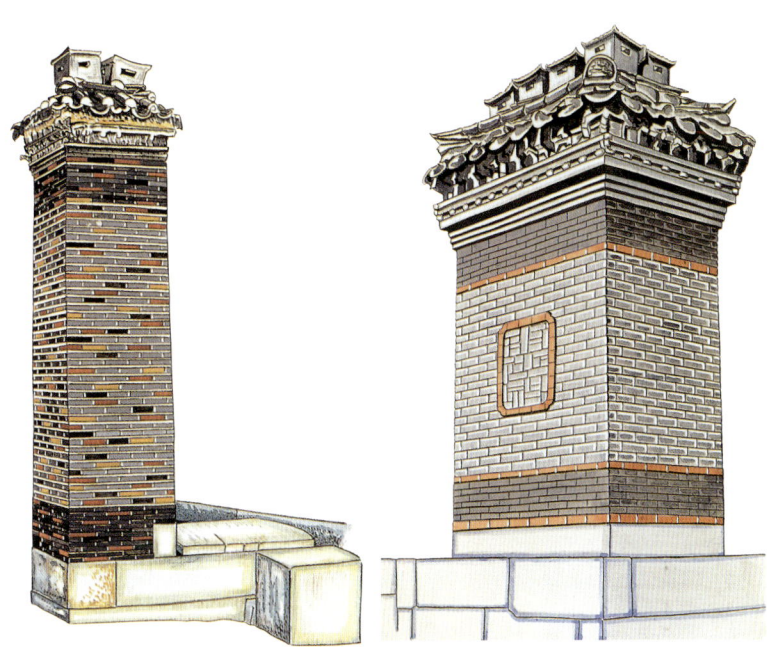

경복궁 부속 건물의 굴뚝

굴뚝의 여러 종류

 자물쇠

"들어온 놈이 안에 놈 쫓아내는 게 뭐—게?"

이 수수께끼의 답은 '열쇠' 다. 옛날 어린이는 대번에 이 답을 알 수 있었다. 전통 자물쇠와 열쇠의 얼개를 알고 있었기 때문이다. 그러나 지금 어린이는 이 수수께끼 답을 이해하지 못한다. 쓰고 있는 열쇠가 옛날 것과 다르기 때문이다.

우리 조상 때부터 써 오던 자물쇠는 속자물쇠와 자물통이 따로 있었다. 자물통 속에 속자물쇠를 끼워서 잠갔다. 속자물쇠의 한쪽에는 쇠막대기가 달려 있고, 다른 한쪽에는 두 개의 날름쇠가 붙어 있는데, 이것을 자물쇠청이라 불렀다. 열쇠가 자물통 안에 들어가서 자물쇠청을 오므려 속자물쇠를 밀어내면 자물쇠가 열린다. 들어온 놈이 안에 놈을 쫓아낸 것이다.

옛날 자물쇠는 얼개가 같았지만 쓰임에 따라 크기는 달랐다. 자물쇠에 따라 열쇠 크기도 달랐다. 광의 자물쇠와 열쇠는 크고, 장이나 문갑의 자물쇠와 열쇠는 작았다. 그 중간 크기의 것도 여러 가지 있었다.

열쇠의 재료로는 농기구를 만드는 철과 유기를 만드는 놋쇠가 쓰였다. 장식을 겸한 열쇠로는 물고기 모양을 본떠서 만든 것이 있다.

옛사람은 자물쇠를 '쇠' 라고 부르기도 하였는데 지금도 자물쇠의 준말로 쓰이고 있다.

벽장에두 쇠를 채구.
다락에두 쇠를 채구.
쌀뒤주에두 쇠를 채구.
나뭇광에도 쇠를 채구.
강아지 목에두 쇠를 채구.
비둘기장에두 쇠를 채구.

그럼 밥그릇엔 왜 안 채나요?
애기 목엔 왜 안 채나요?

우리나라 최초의 동시집 『잃어버린 댕기』(1933) 중 「자물쇠」

돈궤에 채운 자물쇠

자물쇠

자물쇠의 여러 종류

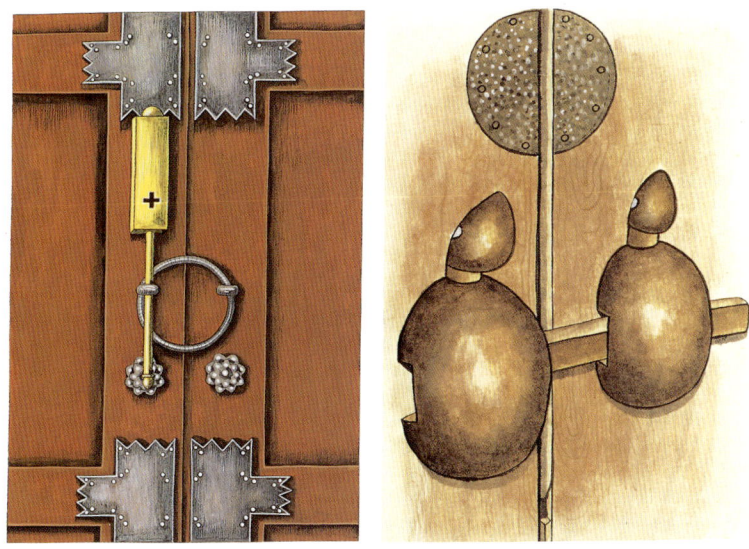
자물쇠 역할을 하는 빗장

 돼지우리

돼지우리는 돼지를 가두어 키우는 곳이다. 농촌에서는 어느 집이나 소·돼지·닭을 길렀기 때문에 외양간·돼지우리·닭장을 갖추고 있었다. 소를 기르는 외양간은 방에 잇대어 지었지만 돼지우리는 본채에서 떨어진 곳에 두거나 헛간 곁에 두었다.

돼지는 먹새가 세고 살집이 많고 몸짓이 둔한 동물이기 때문에 돼지우리는 대개 가는 통나무로 만들었다. 돼지가 넘어가거나 빠져나가지 못할 정도의 높이와 간격으로 성글게 만든 것이다. 위에는 이엉을 이었다. 추운 겨울에는 돼지우리 둘레에 이엉을 둘러 바람을 막아 주고, 우리 안에 푹신한 북데기를 넣어 주었다.

돼지우리 안에는 먹이를 담는 구유를 둔다. 돼지 먹이는 음식 찌꺼기와 보리등겨·밀기울·감자·돼지감자 등인데 하루에 세 끼씩 챙겨 주었다. 돼지는 사람을 보면 먹을 것을 달라는 듯이 꿀꿀거린다. 돼지는 둘레를 어지럽히는 동물이기 때문에 자주 돼지우리 속 쓰레기를 쳐내어 이것을 거름으로 하였다. 돼지우리를 치는 데는 쇠스랑이 쓰였다.

재래종 돼지는 입이 길고 억세고 빳빳한 검은 털이 많이 나 있다. 아무 것이나 잘 먹고 병에도 강하며 1년에 두 번 7~8마리의 새끼를 낳는다. 돼지가 새끼를 낳을 무렵에는 어미돼지가 놀랄까 봐 돼지우리를 들여다보지 않았다.

그러나 개량종 돼지가 들어오면서 재래종은 거의 자취를 감추었다.

이처럼 돼지는 사람과 가까운 동물이기 때문에 돼지와 돼지우리에 얽힌 많은 민속이 전해지고 있다.

'돼지띠는 먹을 복이 넉넉하다', '돼지꿈을 꾸면 좋은 일이 생긴다'는 말이 있고, '돼지우리에 주석 자물쇠'(제격에 맞지 않은 지나친 치장), '돼지 목에 진주'(가치를 모르는 사람에게 값진 것이 소용없다) 등 돼지와 돼지우리에 얽힌 많은 속담이 전한다.

돼지우리 지붕에는 이엉을 이었다.

돼지우리 안에 구유를 두었다. 돼지는 몸짓이 둔하기 때문에 넘어가거나 빠져나가지 못할 정도의 높이와 간격으로 성글게 우리를 만들었다.

돼지우리

돼지우리 돼지는 둘레를 어지럽히는 동물이기 때문에 본채에서 멀리 떨어진 곳에 돼지우리를 두었다. 우리 안에는 북데기를 넣어 주었다가 쇠스랑으로 쓰레기를 쳐내 거름으로 썼다.

외양간

외양간은 마소를 기르는 장소이다. 농업을 주업으로 삼았던 우리나라에서는 말보다는 소를 기르는 장소로 사용했다. 외양간은 집에 붙여서 지었다. 소는 큰 재산이고, 농사에 없어서는 안 될 중요한 가축이므로 눈에 띄는 곳에 두고 먹이를 주고 건강을 보살폈다.

하루에 세 번 쇠죽을 끓였고, 사람이 끼니를 들기 전에 쇠죽부터 주었다. 소를 가족처럼 여겼다. 쇠죽솥으로는 큰 가마솥을 사용하였다. 이것을 쇠죽가마라 한다. 꼴을 베는 일은 주로 아이들 몫이었다. 베어 온 꼴을 작두로 썰어서 쇠죽가마에 앉혔다. 쇠죽을 뒤지는 데는 나무로 만든 쇠죽갈고리를 사용하였다. 쇠죽을 푸는 나무바가지를 쇠죽바가지라 했다.

외양간 구유는 돌로 만든 것도 있었지만 보통 야문 나무 종류를 널쩍하게 파서 만들었다. 외양간 지붕은 이엉으로 이었고, 벽은 흙으로 쌓았다. 앞은 틔어 있었다. 외양간 바닥에는 짚을 깔아 놓아 소가 오줌으로 적시고 밟아서 좋은 퇴비를 만들게 했다.

소에 코뚜레를 하는 것은 부리기 쉽도록 하기 위해서였다. 힘 좋은 황소를 길러 소싸움을 붙이기도 하는데 이는 민속놀이의 하나이다. 정월 보름에는 오곡밥과 나물을 상에 차려 외양간에 두고 소가 먹게 하는 민속이 있었다. 이날은 소가 대접받는 날이었다.

소는 아득한 옛적부터 사람과 같이 지내면서 쟁기를 끌어, 논밭갈이를 도와 주고, 짐을 나르고 수레를 끌었다. 한우는 세계적으로 알려진 좋은 품종이다. 체질이 건강하고 병에 강하며 성질이 온순한데다 다리와 발굽이 튼튼하다. 또 고기 맛이 좋고 좋은 가죽을 제공한다.

농촌이 기계화되면서 소가 할 일이 줄었다. 그러자 소를 집단으로 기르는 목축업이 성하게 되었고 외양간은 차츰 사라지게 되었다.

외양간 지붕(이엉) / 흙벽 / 구유(여물통)
외양간

코뚜레를 한 소 조금 자란 송아지 때부터 손쉽게 부리기 위해 코청을 꿰뚫어 코뚜레를 끼웠다.

외양간 안에 구유가 있고 바닥에는 짚을 깔았다.

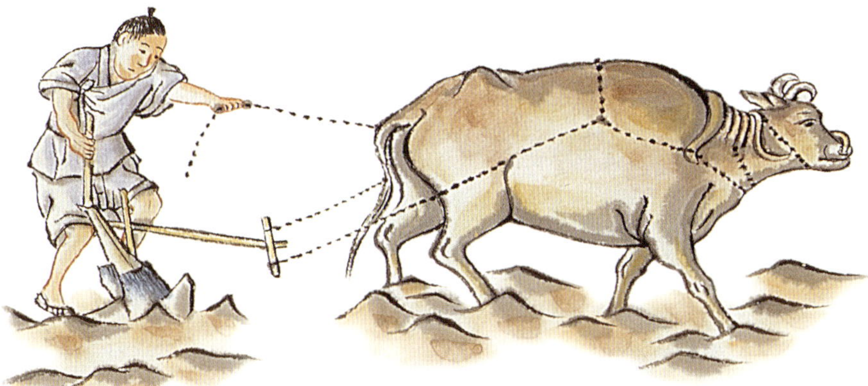

소는 쟁기를 끌어 논밭갈이를 도왔다.

소는 농사일 외에 짐을 나르는 일도 했다.

짐을 나르는 소

주생활 29

닭장

닭장은 닭을 가두어 놓고 기르는 곳으로 알려져 있으나 원래는 닭을 가두는 곳이 아니라 밤에 닭이 모여서 잠자는 집이었다.

닭장은 가늘고 곧은 나뭇가지나 싸리나무를 촘촘히 엮어서 만든다. 밤에 도둑고양이나 족제비·살쾡이가 와서 닭을 해치는 것을 막기 위해서였다. 닭장 안에는 여러 마리 닭이 모여 앉을 수 있게 긴 횃대를 두어 개 걸쳐 둔다. 앞에는 닭이 드나드는 문이 있다. 이 문은 저녁에는 닫아 놓고 아침에는 열어 놓는다.

수탉은 새벽에 날개를 털며 "꼭꼭 꼬오!" 하고 시간을 알린다. 닭이 우는 시간은 일정하다. 이것을 '닭이 홰친다'고 했다. 수탉은 날이 샐 때까지 세 차례 우는데 첫 번째 홰치는 소리를 '첫닭소리'라 한다. 어느 한 집에서 첫닭소리가 나면 온 동네 닭장에서 수탉이 같이 홰를 쳤다. 시계가 없던 옛날에는 밤 시각을 닭소리에 의존해 가늠했기 때문에 닭장은 닭소리가 잘 들리는 곳에 두었다.

날이 새면 닭에게 아침 모이를 줬다. 이 일은 어린이 몫이었다. 모이는 돌이 섞여서 못쓰는 벼·보리·밀 찌꺼기·곡식·싸라기 등이었다. 모이를 먹은 닭은 마당가 거름더미 텃밭을 돌아다니며 먹이를 주워 먹고 이웃에 드나들기도 하였다.

닭장 가까이에는 몇 개의 알둥지가 있었다. 알둥지에서 알을 낳은 암탉은 "꼬꼬댁 꼭꼬 꼬꼬댁!" 하며 놀란 듯이 운다. 알을 낳았다는 외침이다. 알을 낳은 암탉에게는 모이를 주고 알은 거두어서 모았다. 재래종 암탉은 25개 정도 알을 낳으면 그것을 품기 시작한다. 알을 안은 지 20여 일 지나면 병아리가 깨어난다. 개나 매에게 해를 입을 염려가 있기 때문에 병아리를 가두는 둥지가 따로 있었다. 싸리나무로 엮은 둥근 모양의 병아리둥지는 들고 다닐 수 있었다. 병아리 모이로는 좁쌀을 주었다. 재래종닭(장닭, 토종닭)은 홰치는 일, 병아리 까는 일을 잘했다.

닭장 닭이 모여 잠자는 집

병아리둥지 솔개나 매에게 알이 먹히지 않게끔 만든 둥지

닭장

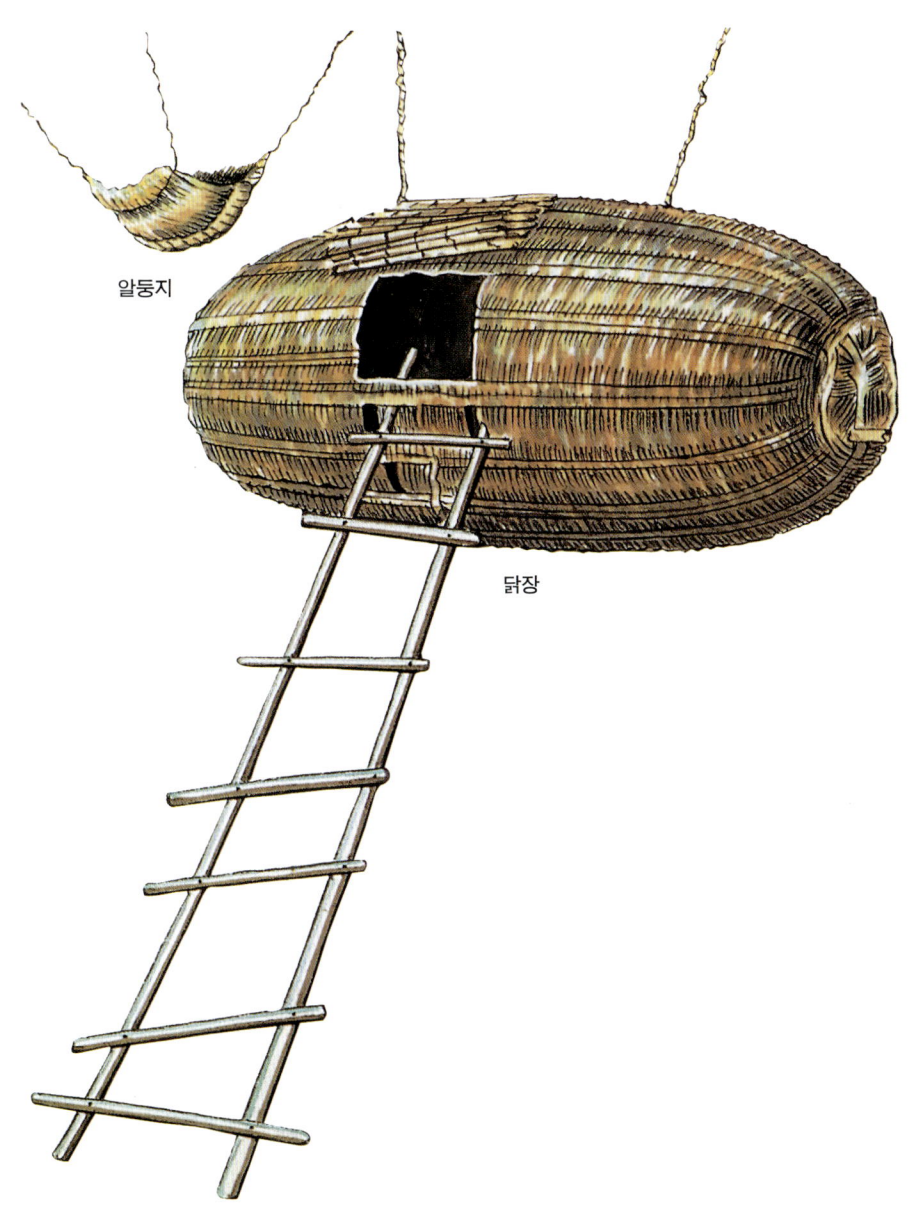

알둥지

닭장

우리나라 토종닭 재래종닭 또는 장닭이라고도 한다.

수탉이 초가지붕 위에 올라가 큰 소리로 울고 있다. 옛날 시골에서는 낮닭 우는 소리를 들을 수 있었다.

주생활 31

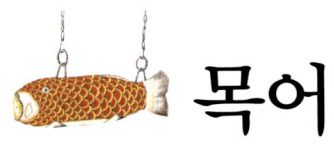 목어

목어木魚는 절에서 쓰는 기구이다. 그 이름이 뜻하듯이 나무를 깎아 만든 물고기다. 나무로 물고기 모양을 조각하고 속을 파내어 두드리면 소리가 나게 하고, 여기에 색칠을 하여 하나의 미술품이 되게 한 것이다. 이것을 달아 놓고 공양시간을 알리는 신호용으로 썼다. 길이는 1m 정도이다.

목어에는 다음과 같은 유래가 전한다. 스승의 가르침을 좇지 않고 계행을 지키지 않는 말썽쟁이 스님이 있었다. 죽어서 그 죄갚음으로 물고기가 되었는데 등에 나무가 나 있었다. 어느 날 스승이 배를 타고 바다를 건너다가 이 물고기를 만났다.

"스승님, 제가 스승님 말씀을 어긴 죄로 물고기 몸을 받았습니다. 이 고통에서 구해 주십시오."

부탁을 받은 스승은 제자를 위해 재齋를 올리고 기도하여 제자가 물고기의 몸을 여의게 하였다. 그리고 물고기 등에 나 있던 나무를 잘라 물고기 모양을 만들었다. 이것을 달아매어 놓고 두드리며 제자를 가르칠 때마다 이렇게 타일렀다.

"너희는 계행을 잘 지키고 가르침을 따라야 한다. 죄를 짓고 물고기가 된 제자가 있었다. 그 물고기 등에 나 있던 나무를 잘라 이것을 만들었다."

목어는 중국 절에서 처음 만들어 썼다. 이곳에서는 아침 공양으로 죽을 먹고, 점심과 저녁은 밥을 먹었는데 공양 때마다 목어를 두드려서 스님을 모았다 한다. 그러다가 목어를 손에 들고 다닐 수 있는 크기와 모양으로 바꾸었다. 손에 드는 목어는 손잡이가 있고 모양이 둥글었다. 이것을 목탁이라 불렀다. 목탁은 부처님 앞에서 경을 외우고 예불을 올릴 때 두드린다. 우리나라 절에서 볼 수 있는 목어는 여의주를 물고 있는 잉어 모양이다.

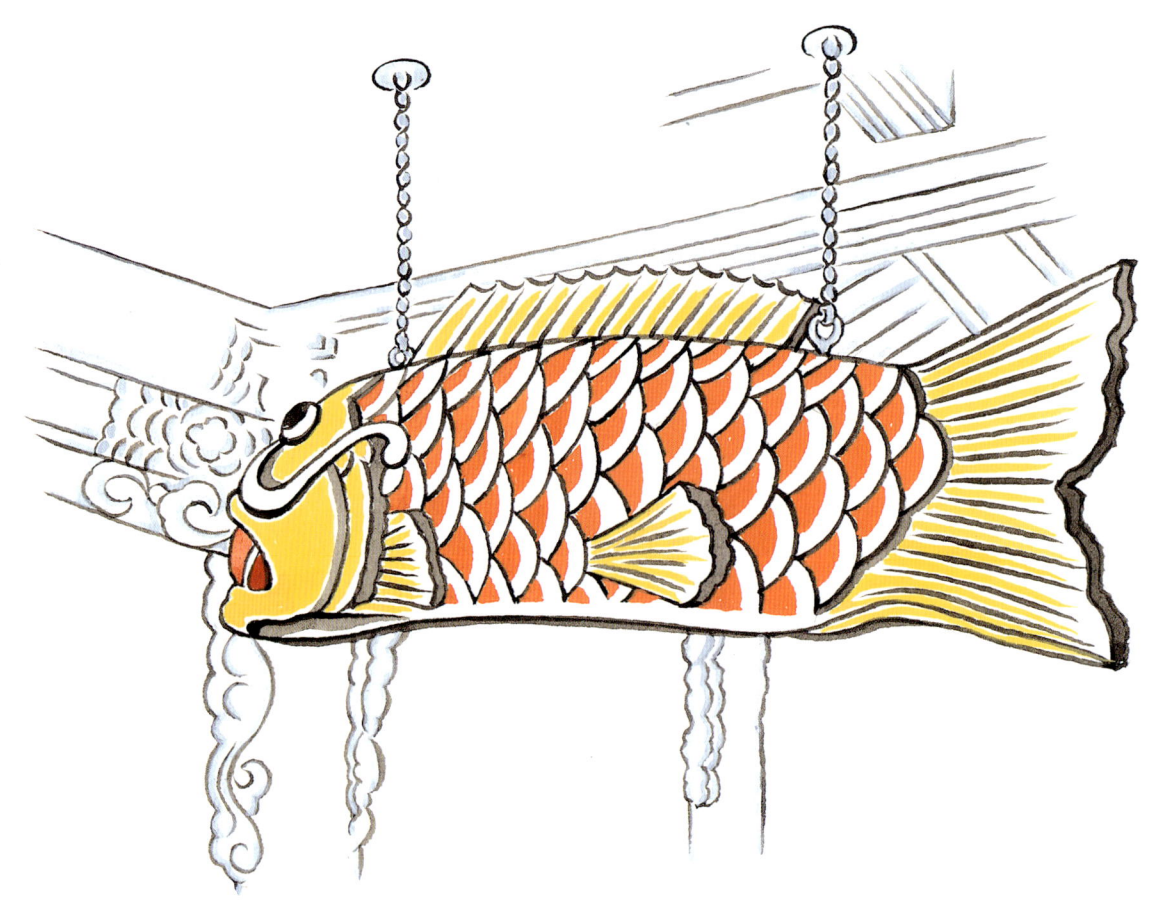

목어

나무를 깎아 물고기 모양을 만들고 속을 파낸 다음 색을 칠했다. 절에서 두드려서 시간을 알리는 데 사용했다.

목탁 부처님 앞에서 경을 외우고 예불을 올릴 때 두드린다.

 # 가마

가마는 탈것의 하나이다. 귀부인이나 지위가 높은 사람이 가마를 타고 다녔고, 대갓집에는 개인이 쓰는 가마가 있었다. 결혼식을 올리고 신행을 갈 때 신부가 가마를 탔다. 마을에는 공동으로 쓰는 가마가 있어서 결혼식 때 사용하였다. 말을 구하지 못하면 신랑도 가마를 탔다.

옛날 여인은 일생에 한 번 신행 때 가마를 탔다. 분 바르고 족두리 쓴 새 각시가 가마를 타면 가마 뒤에 아버지 또는 집안 어른이 따랐다. 이를 후행後行 또는 상객上客이라 했다. 그 뒤를 신부 집에서 마련한 농이나, 이불과 옷을 싼 보자기를 멘 하인이 따랐다.

가마 안에는 사람이 들어앉고 밑에 붙은 가마채를 앞뒤에 두 사람 또는 네 사람이 멜빵에 걸어서 메고 다녔다. 앞뒤에 각각 두 사람씩 모두 네 사람이 메는 가마는 사인교라 불렀다. 가마를 메는 사람을 교군轎軍 또는 교군꾼이라 하였다. 교군은 지체 낮은 하인이 대부분이었다.

일반인이 쓰는 가마는 가맛바탕에 가마뚜껑을 얹은 것이다. 가마뚜껑은 뜯었다가 꾸몄다가 할 수 있었다. 환자를 나를 때에는 가마뚜껑 없이 사용하였다.

궁중에서 사용하는 가마에는 여러 종류가 있었다. 연輦은 임금이 타는 가마로 좌우와 앞에 주렴이 있고 가마채가 길었다. 덩은 공주나 옹주가 타는 가마로 아담한 모양이었다. 왕실에 행사가 있을 때 귀중품을 실어 나르는 가마를 채여彩轝라 하였는데 뚜껑에 꽃무늬를 그린 가마였다.

귀부인이 사용하는 가마는 바깥과 내부 장식이 화려하였다. 대감이라 불리던 고관은 초헌軺軒이라는 외바퀴가 달린 가마를 타고 다녔다. 앉는 자리는 의자와 비슷하고 뚜껑이 없었다. 보교步轎는 가마뚜껑 가운데가 솟아 있고 사면을 장막으로 둘러친 가마이다. 바닥 뚜껑과 기둥을 각각 뜯었다가 다시 맞추게 되어 있었다. 가마뚜껑 없이 혼자 타게 만든 작은 가마를 남녀藍轝라 했다.

가마타고 가는 모습

가마뚜껑

가맛바탕 가마의 몸통 부분. 이 안에 사람이 들어앉았다.

가마채 가맛바탕의 양쪽 밑에 앞뒤로 지른 기다란 나무. 가마를 멜 때 멜빵을 걸고 손으로 들게 되어 있다.

가마

주생활 35

신주를 모시는 가마. 향합, 향로, 그 밖의 제구를 받쳐 들기도 한다.

채여 왕실에 행사가 있을 때 귀중품을 실어 나르던 가마

시체를 묻은 뒤 혼백과 신주를 모시고 돌아오는 작은 가마

가마의 여러 종류

우마차

우마차는 소나 말이 끄는 수레이다. 소가 끄는 수레를 달구지, 말이 끄는 수레를 마차라 하였다. 거리가 먼 장을 돌아다니기 위해 마차를 이용하고, 일반 농가에서는 달구지를 사용했다. 말이 끄는 마차가 더 빠르기 때문이었다.

달구지는 소 한 마리가 끄는 짐수레이다. 주로 힘이 센 수소가 달구지를 끌었다. 수레바퀴는 좌우에 하나씩, 두 개가 있었으며 바퀴는 나무바퀴에 쇠테를 두른 것이었다. 앞쪽에 기다란 끌채가 차체에 이어져 있고, 끌채 끝에 튼튼한 고리가 달려 있었다. 소의 목등에 멍에를 메운 다음, 끌채 고리를 멍에에 걸고 소를 몰면 수레가 움직인다. 곡식이나 짐을 나를 때에는 차체에 짐을 싣고, 차체 앞뒤 좌우에 있는 밧줄걸이에 밧줄을 걸어서 짐을 묶는다. 바퀴 앞뒤 균형을 잘 잡으면 많은 양의 짐을 실을 수 있었다.

우리나라는 삼국시대부터 소에게 달구지를 끌게 하였다. 고구려 벽화에도 달구지가 그려져 있다. 신라 토기에도 수레 모형이 있다.

나무바퀴에 쇠테를 사용하던 수레는 근대에 오면서 차츰 타이어로 바뀌었다. 타이어는 쇠바퀴보다 쉽게 굴러서 소의 부담을 덜어 주었다. 그러다가 네 바퀴 우마차가 등장하였다. 앞쪽에 작은 바퀴 두 개를 더 단 것이다. 여기에 덮개를 씌운 마차도 나타났다. 근대 마차는 조선말 프랑스에서 들여와 고종 황제가 애용하였다. 이 마차는 현재 창덕궁에 보관되어 있다. 자동차가 널리 사용되고, 농촌이 기계화되면서 우마차는 농촌에서조차 볼 수 없게 되었다. 관광지에서 놀이나 구경거리로 볼 수 있을 뿐이다.

앞뒤의 바퀴 균형을 잘 잡으면 많은 양의 짐을 실을 수 있다.

타이어

달구지

쇠바퀴 수레

관광용 네 바퀴 수레

타이어를 단 소달구지

소 등에 직접 짐을 싣기도 한다.

주생활 39

식생활

우물	수저와 수젓집
절구	신선로
맷돌	도자기
화로	찬합
다식판	신라 토기
뒤주	약틀
되	약연
솥	

 우물

우물은 지하수를 퍼 올려 식수로 사용하기 위한 시설이다. 자연으로 솟는 지하수를 샘이라 하고 사람의 힘으로 땅을 파서 지하수를 얻는 데를 우물이라 했다.

마을에는 몇 개의 우물을 중심으로 집이 들어서고 이웃이 생겼다. 지하수의 맥이 지날 만한 곳에 우물을 팠다. 7m 이상의 깊이면 깊은 우물이라 하였다. 사람의 길로 네 길이 넘는 깊이이다. 지하수가 솟는 데에 이르면 거기서부터 둥글게 돌을 쌓아 올라와 마지막으로 우물둔덕을 만든다. 시멘트를 사용하기 전까지 우물둔덕은 판판한 돌을 둘러치거나 나무토막을 우물 정# 자 모양으로 쌓아서 만들었다. 우물물을 깨끗이 유지하기 위해 덮개를 만들어 덮기도 했다. 우물물을 길어 올리는 그릇은 긴 끈을 단 두레박이었다.

우물가에는 자갈을 깔고 판판한 돌을 놓아 두어 물동이를 놓기 편하게 하였다. 우물가에는 흘리는 물과 버리는 물이 많아서 우물에 잇닿은 돼기논에는 물속에 뿌리박고 자라는 미나리나 왕골을 심어 가꾸었다. 그 곁에 향나무 두어 그루가 있는 것이 우리나라 우물의 정경이었다.

양동이가 없던 옛날에는 동이에 똬리를 받치고 우물물을 이어다 날랐다. 때맞추어 밥을 짓는 부녀자는 우물에서 만나는 시간도 일정했다. 그래서 우물가는 마을에서 일어난 여러 이야기를 주고받는 장소가 되었다.

옛날에는 집을 지키는 신과 같이 우물에도 신이 있는 것으로 믿었다. 그래서 정월에 펼치는 지신밟기 때에는 농악패들이 우물가를 돌면서 풍물을 잡혔다.

도르래 우물물을 긷는 데 도르래를 사용하기도 했다.

두레박 줄을 길게 달아 우물물을 퍼 올리는 데 썼다.

똬리 짐을 머리에 일 때 받치는 고리 모양의 받침.

물지게 물을 길어 나르는 데 쓰는 지게

물통 양철통으로 만들었다.

우물가

우물 바닥을 청소하고 있다.

우물물을 모래나 숯을 담은 통에 부어 거르고 있다.

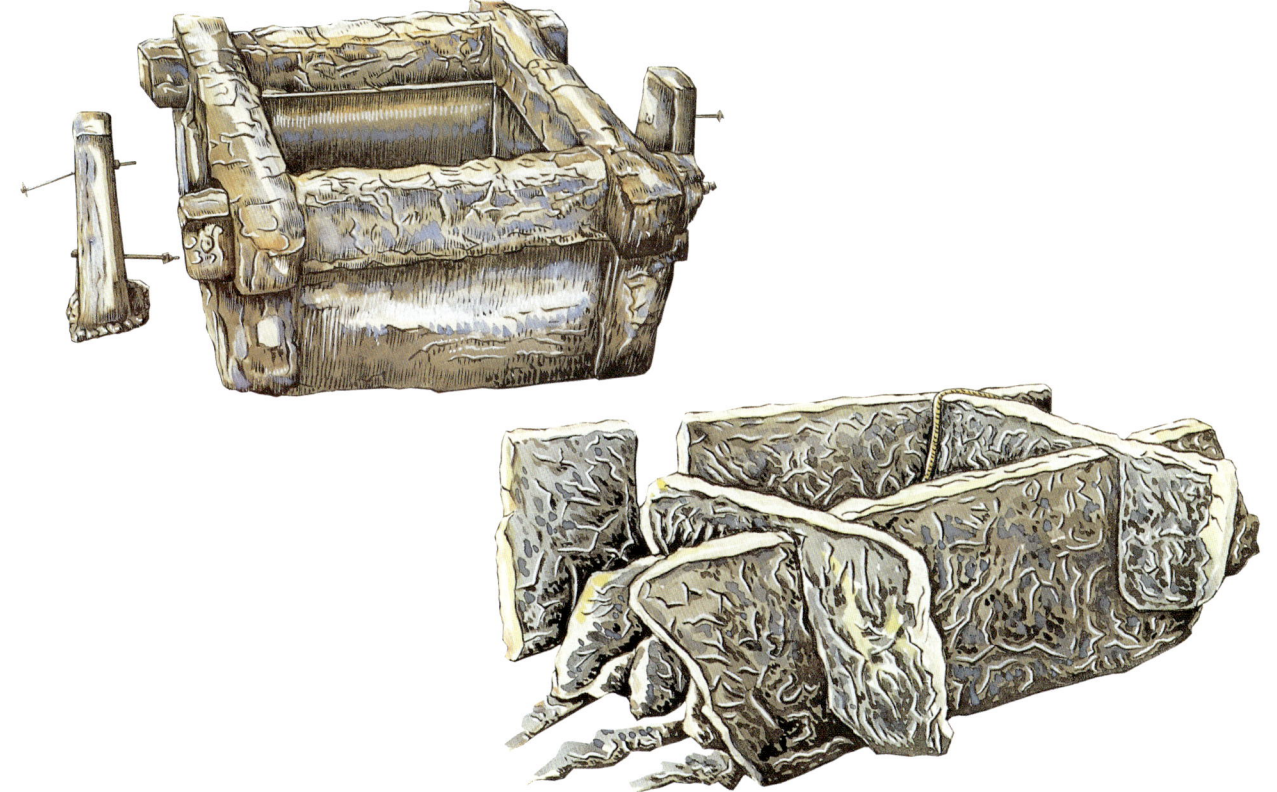

옛날의 우물둔덕

 절구

절구는 곡식을 찧기도 하지만 양이 적은 양념 등을 찧고 빻는 간단한 방아였다. 마늘을 찧을 때, 깨소금이나 적은 양의 고추를 빻을 때에는 방아보다 절구가 편리하다. 그래서 옛날에는 부엌 안이나 부엌 곁에 절구를 두었다. 밥 끓는 사이에 잠깐, 밥물 잦는 사이에 잠깐 동안 다진 마늘·고춧가루·깨소금을 만들어 음식에 양념으로 썼다. 어느 가정에서나 절구는 갖추어야 할 도구였다.

콩을 삶아 메주를 디딜 때면 삶은 콩을 찧어야 한다. 방아에다 찧으려면 두 사람이 필요하다. 한 사람은 방아를 찧고 한 사람은 확에서 솟는 메주콩을 우겨넣어야 한다. 그러나 절구를 사용하면 혼자서도 메주콩을 찧을 수 있다. 찰떡을 빚을 때는 찹쌀을 쪄서 떡판에 내놓고 떡메로 쳐야 한다. 한 사람은 떡을 다져주고 한 사람은 친다. 그러나 절구 안에 넣고 공이로 찧으면 혼자서도 할 수 있고 떡이 튀어나가지도 않는다.

절구에는 나무절구·돌절구·무쇠절구가 있다. 절구는 절구 확과 절굿공이가 한벌이다. 나무절구 나무 확은 둘레가 한 아름 정도 되는 통나무를 잘라서 속을 판 것이었다. 돌절구의 돌확은 석수의 손으로 돌을 쪼아 만든 것이고, 무쇠절구의 확은 무쇠를 부어서 만든 것이다.

무쇠절구에는 쇠절굿공이를 사용하였다. 나무절구에는 나무절굿공이를 사용하였다. 돌절구에는 나무절굿공이와 쇠절굿공이를 같이 썼다.

나무로 만든 절굿공이는 대개 야문 나무를 깎아 만드는데, 가운데 손잡이는 잘록하게 하고 끝 부분은 두툼하게 만들어 아래 위가 대칭이 되게 하였다. 나무절구는 두 개를 같이 만들어 맞절구질을 할 수 있게 하였다.

절구는 편리한 기구였으나 기계 방앗간이 생기면서 민속유물로만 남게 되었다.

절굿공이   **확** 절구 아가리부터 밑바닥까지 닿는 부분

나무절구   **돌절구**

절구

연자매 둥글넓적한 판돌 위에 둥근 맷돌을 세우고 그 사이에서 곡식껍질이 벗겨지도록 만든 것

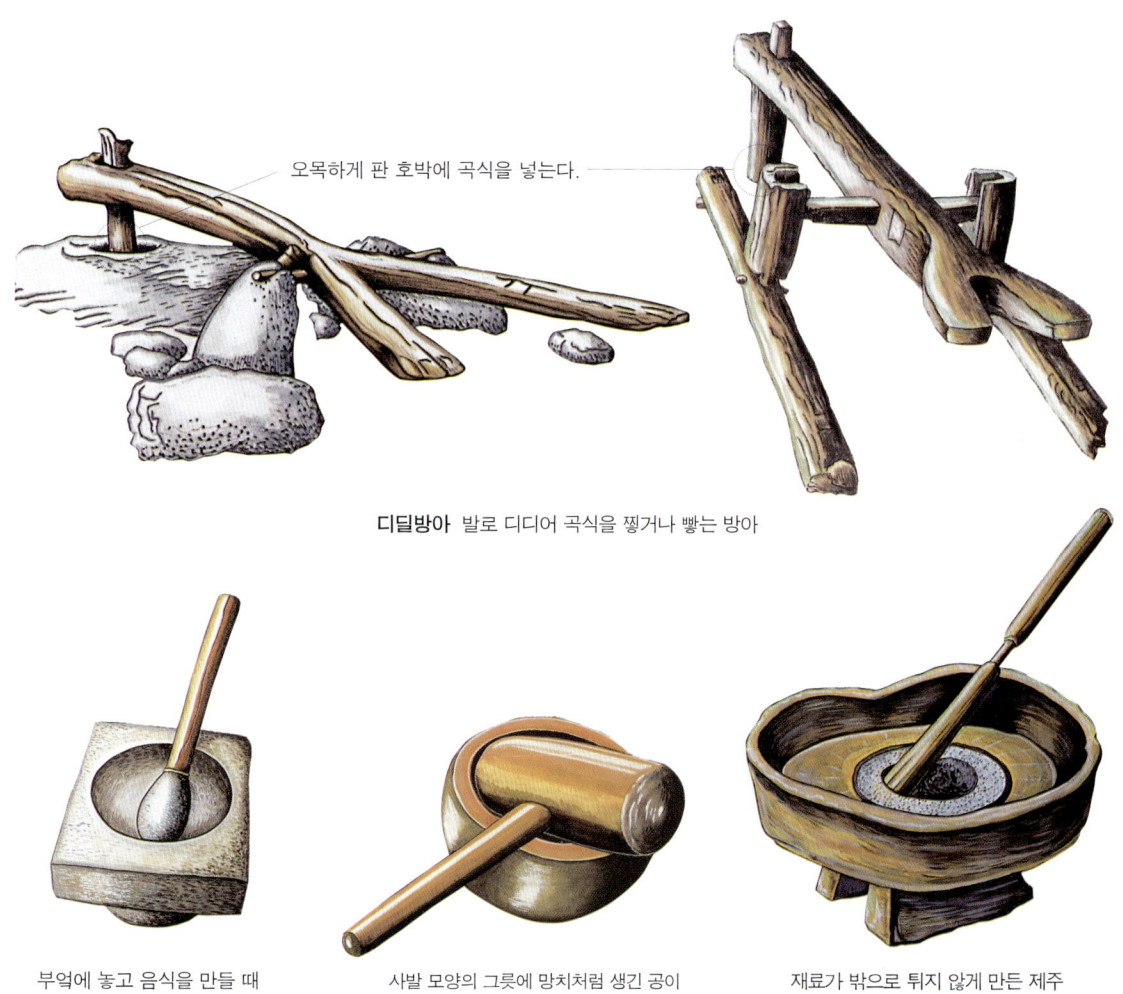

오목하게 판 호박에 곡식을 넣는다.

디딜방아 발로 디디어 곡식을 찧거나 빻는 방아

부엌에 놓고 음식을 만들 때 필요한 양념 등을 그때 그때 빻는 데 쓰던 작은 절구

사발 모양의 그릇에 망치처럼 생긴 공이를 사용하는 절구

재료가 밖으로 튀지 않게 만든 제주도의 절구

절구의 여러 종류

 맷돌

맷돌은 불린 곡식을 갈아서 반죽을 만들거나, 야문 곡식을 갈아서 쪼개는 연모이다. 콩이나 팥을 맷돌에 갈아서 쪼개는 일을 '콩을 탄다', '팥을 탄다'고 하고, 맷돌을 돌리는 일을 '맷돌질'이라 한다.

맷돌은 촘촘하고 둥글넓적하게 쪼아 만든 두 개의 돌을 아래위로 포개어 만든 것이다. 아랫돌의 중심에 박은 중쇠에 윗돌 중심부 구멍을 맞추어서 돌린다. 윗돌의 가장자리와 아랫돌 중심부에 네모난 구멍이 있는데 여기에다 갈아야 할 곡식을 넣고 돌리면 물에 불린 곡식이 반죽 되어 나온다.

윗돌에 나무로 만든 손잡이가 박혀 있는데 이것을 맷손이라 한다. 맷손은 오른쪽에서 왼쪽으로 돌린다. 일의 능률을 높이려고 두 사람이 마주 앉아 함께 맷손을 잡고 맷돌질을 할 때도 있다. 이때 한 사람은 쉬지 않고 맷돌에 갈 곡식을 떠서 윗돌구멍으로 넣는다.

맷돌을 이용해서 만드는 대표적인 음식이 두부이다. 두부를 만들 때는 흰콩을 잘 씻어서 물에 담가 불린 다음 맷돌에 간다. 여기서 생겨난 반죽이 콩비지이다. 콩비지는 아랫돌에 있는 홈을 따라 받쳐둔 함지에 흘러 고인다. 이것을 끓여서 베주머니에 넣고 짜면 콩물이 된다. 콩물에 간수를 넣으면 단백질이 엉기는데 여기서 한 번 더 물을 빼면 두부가 된다.

묵을 쑬 때에도 맷돌을 이용한다. 메밀을 잘 씻은 다음 맷돌에 갈아서 채로 거르고 그 물을 죽 쑤듯이 끓여서 식히면 묵이 된다.

녹두로 만든 묵을 청포라 한다. 청포를 만들 때는 먼저 맷돌로 녹두를 타서 물에 불려 껍질을 벗긴다. 껍질을 벗기는 일을 거피라 한다. 거피된 녹두를 다시 맷돌에 갈아 그 물을 베주머니나 체로 걸러 메밀묵을 쑬 때처럼 끓여서 식히면 청포가 된다.

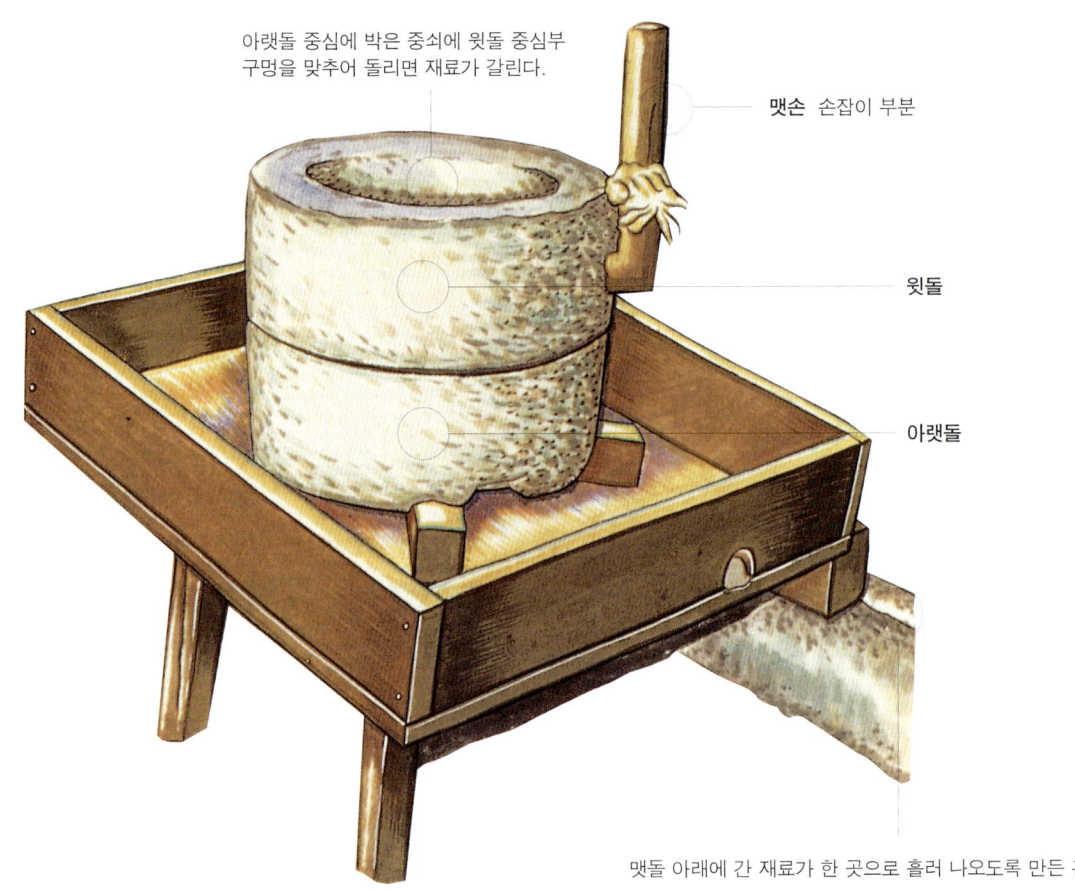

아랫돌 중심에 박은 중쇠에 윗돌 중심부 구멍을 맞추어 돌리면 재료가 갈린다.

맷손 손잡이 부분

윗돌

아랫돌

맷돌 아래에 간 재료가 한 곳으로 흘러 나오도록 만든 홈

맷돌

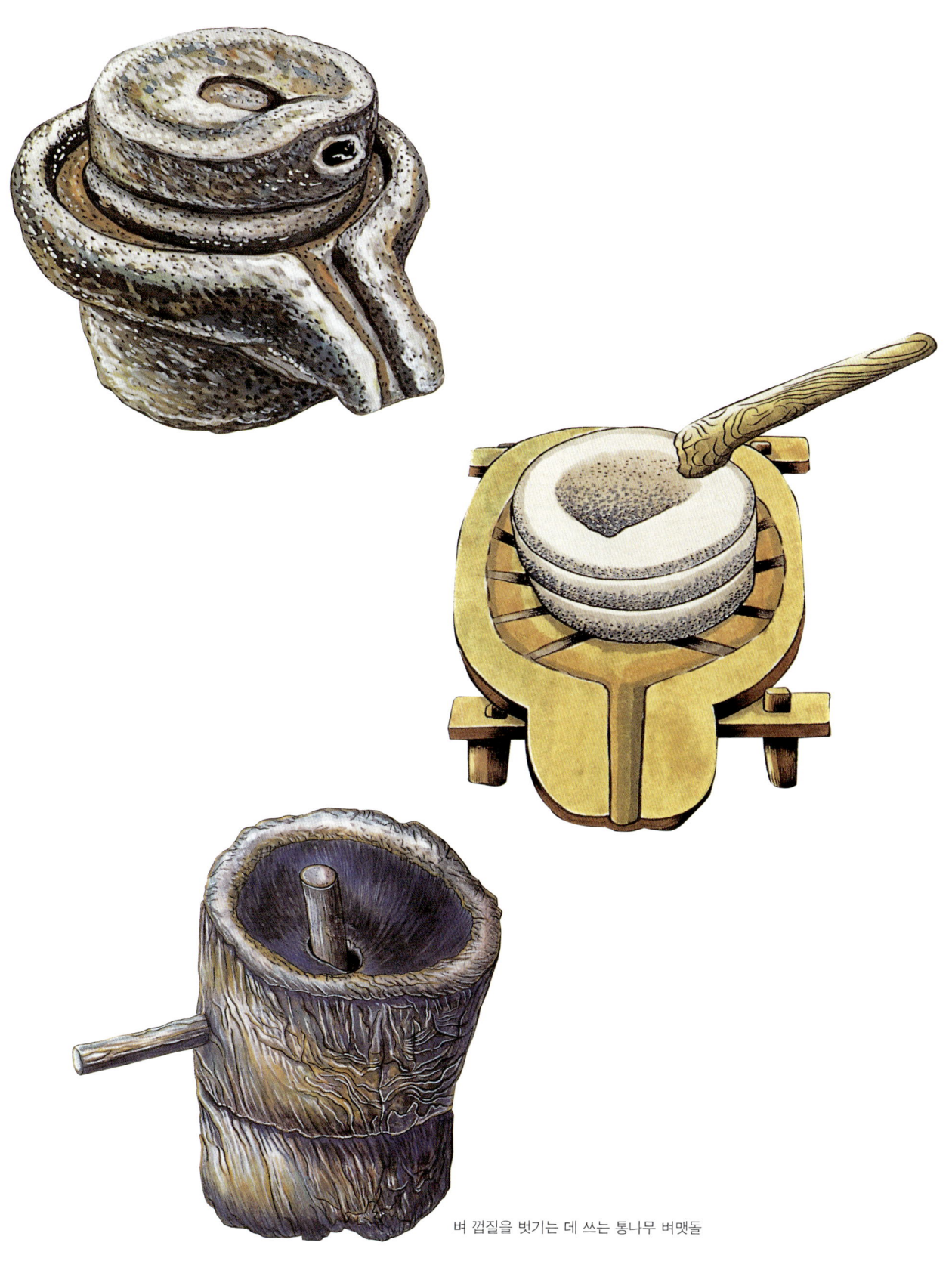

벼 껍질을 벗기는 데 쓰는 통나무 벼맷돌

맷돌의 여러 종류

식생활 47

화로

화로는 숯불을 담아 두는 그릇이자 실내용 난방기구이다.

질그릇으로 된 질화로, 무쇠로 만든 무쇠화로, 놋쇠로 만든 놋화로가 있다. 놋화로는 비싼 가구로 사랑방 한 가운데에 놓아 훈훈한 방안 분위기를 만들었다. 아침 점심 저녁 쇠죽을 끓이는 부엌아궁이에 장작불을 때어, 여기서 나온 불을 화로에 담아 방 가운데에 놓으면 방 안이 후끈해진다.

화로에는 넓고 둥근 가장자리가 있는데 이것을 화로전이라 했다. 튼튼한 다리 세 개가 화로를 지탱하고 그 안에 부삽과 부젓가락을 꽂았다. 부삽은 불을 우겨서 불이 시들지 않게 하는 데 쓰였고, 부젓가락은 불덩이를 집는 데 쓰였다. 밑에는 화로방석을 깔아 불똥이 떨어져 방바닥을 태우는 것을 막았다.

나이 많은 남자는 기다란 담뱃대를 지니고 다녔는데 긴 것은 1m정도나 되었다. 이것을 장죽長竹이라 했다. 노인들은 담배쌈지를 열어 장죽에 담배를 꾹꾹 눌러 담고 뻗쳐 문 다음, 멀찍이서 화로에 대고 담뱃불을 댕겼다. 그리고 뻐끔뻐끔 담배를 피우며 연기를 냈다. 담배를 다 피우면 화롯전에 땅땅 담뱃재를 털었다. 사랑방에 모여 앉은 노인들은 장죽으로 담배를 피우면서 세상 이야기를 나누었다.

안방에는 작은 무쇠화로나 질화로를 놓았다. 어머니는 방안에서 베를 짜거나 바느질을 했다. 바느질한 데를 고르게 펴거나 동정을 달 때 화롯불에 달군 인두로 인두질을 하였다.

밤이 깊어 화롯불이 시들 무렵이면 화롯가로 손이 모인다. 아이들이 할머니를 졸라 화롯불을 쬐며 옛날이야기를 듣는 것이 라디오와 텔레비전이 없던 이 시대의 문화였다. 옛이야기 외에도 많은 이야기가 화롯가에서 오갔다.

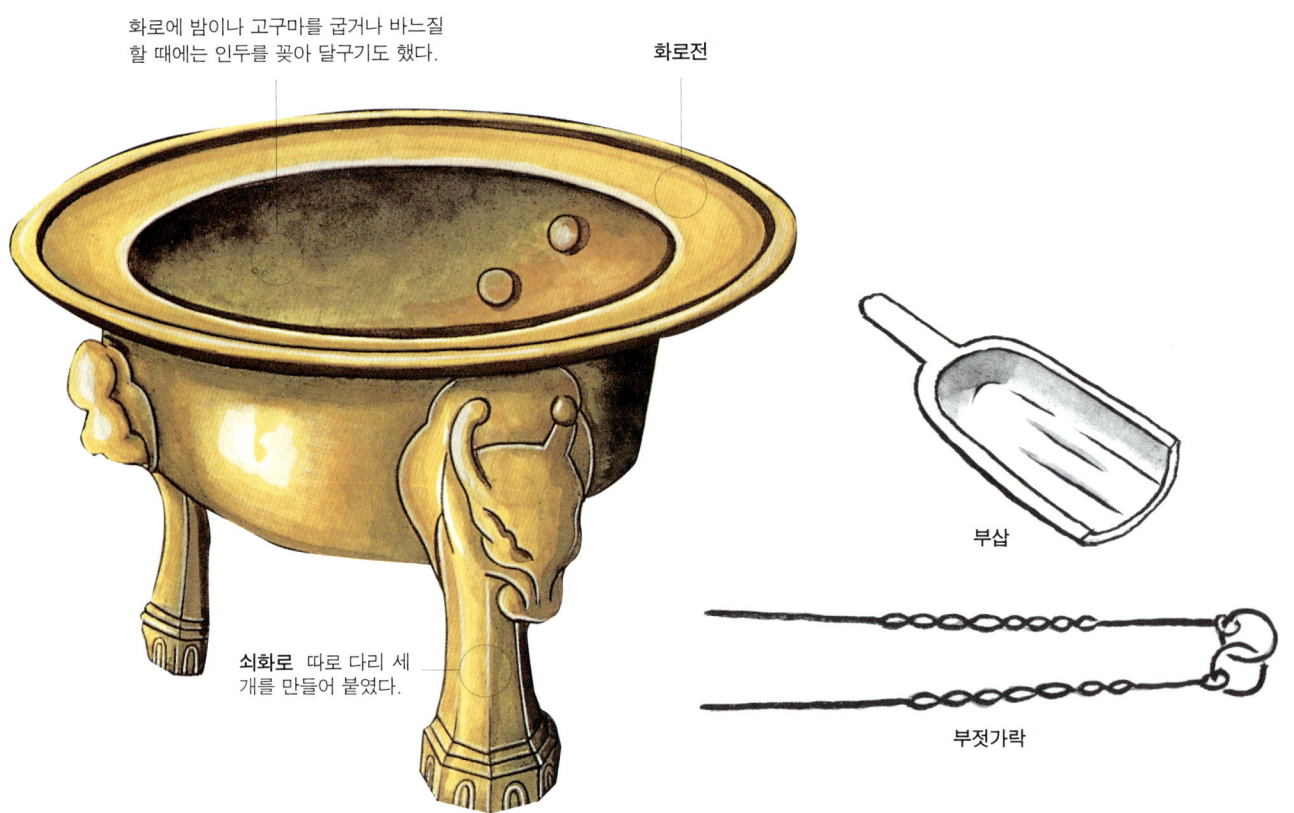

화로에 밤이나 고구마를 굽거나 바느질 할 때에는 인두를 꽂아 달구기도 했다.

화로전

쇠화로 따로 다리 세 개를 만들어 붙였다.

부삽

부젓가락

화로

화로의 여러 종류

다식판 茶食板

다식은 우리나라에서만 만들어 먹는 전통 과자이다. 밤가루·송홧가루·콩가루·녹말가루·참깨 또는, 볶은 멥쌀가루 등을 꿀에 반죽하여 다식판으로 박아낸다.

다식茶食은 차에 곁들여 먹는 음식이라는 뜻이다. 신라·고려시대에 차 마시는 풍습이 성하여 차를 마시고 난 뒤 다식을 먹었다. 다식은 공이 드는 고급 음식이었으므로 지체 있는 집안에서 손님 대접용으로 썼을 것이다.

조상 제사에는 반드시 다식을 제수로 차렸다. 이것은 명절 제사를 차례茶禮라 부르던 것과 관련이 있다. 옛날에는 차를 제수로 썼기 때문에, 차에 딸린 음식인 다식이 제사상에 올랐다. 그러다가 차는 제수에서 밀려났지만 다식은 여전히 제수로 남았다. 아이들은 이때 다식을 맛볼 수 있었다.

다식에는 쌀다식, 밤다식, 흑임자다식, 송화다식, 녹말다식, 콩다식, 승검초다식, 생강다식, 용안육龍眼肉다식 등 여러 종류가 있다. 쌀다식은 쌀밥을 지어 말린 뒤 볶아서 빻은 가루에 꿀과 소금을 알맞게 넣고 반죽하여 다식판에 박아낸다. 밤다식은 밤을 삶아서 속껍질까지 벗긴 다음 가루를 만들고, 계피가루·유자청·꿀 등을 섞어 반죽하여 만든다. 흑임자다식은 검은깨를 볶아 찧어서 꿀을 반죽하여 만든다. 송화다식은 송홧가루를 꿀에 반죽하여 만든다.

녹말다식은 녹말가루에 오미자와 꿀을 섞어서 만들고, 콩다식은 콩가루와 꿀이, 승검다식은 승검초가루와 송홧가루와 꿀이, 생강다식은 생강가루·녹말·계피가루·꿀이, 용안육다식은 용안육가루와 꿀이 재료로 쓰인다.

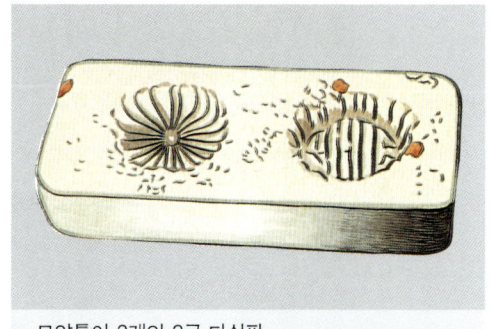

밤가루·송홧가루·콩가루·녹말가루·참깨·멥쌀가루 등을 꿀에 반죽해서 틀 모양대로 박아내면 다식이 완성된다.

모양틀이 2개인 2구 다식판

다식판

다식판의 여러 종류

 # 뒤주

뒤주는 곡식을 담아 두는 궤짝으로 튼튼한 판자로 만들었다. 재료는 회화나무 판자가 가장 좋은 것으로 여겼다.

네 개의 기둥에 짧은 발이 있고, 위에 책상 윗판자 같은 모양의 덮개가 있다. 덮개는 열고 닫게 되어 있고, 거기에 자물쇠를 잠그는 장석이 박혀 있다.

뒤주에는 주로 쌀·콩·팥 등을 넣어 둔다. 쌀뒤주는 쌀 한 섬을 넣을 수 있는 크기이다. 잡곡 뒤주는 서넛 말의 잡곡을 넣어 두고 먹었다. 뒤주는 세간의 하나였다.

그러나 식구와 식객이 많은 대갓집에서는 독채로 뒤주를 지어 놓고 썼다. 집을 짓듯이 기와로 지붕을 얹고, 튼튼한 판자로 벽을 만들고 네 개의 기둥과 발을 두었다. 그리고 뒤주 바닥 밑으로 공기가 통하게 하였다. 이런 집 뒤주는 수십 섬의 곡식을 저장할 수 있었다.

한편 남쪽지방에서는 집을 지을 때 고방 모양의 뒤주를 만들었다. 그러므로 남쪽지방에서는, 뒤주라 하면 쌀과 곡식을 갈무리하는 작은 창고를 떠올린다. 이런 고방 뒤주에는 쥐의 침입을 막기 위해서 판자를 끼워서 닫는 문을 만들었다. 맨 위에 있는 판자에는 자물쇠를 잠그는 장석을 박았고, 아래에서 위쪽으로 번호를 써서 판자가 바뀌지 않게 하였다. 또 바닥과 벽을 흙으로 단단하게 바르고 바닥 밑에 공기가 지나가도록 마주 창을 내놓았다. 고방 뒤주에는 여러 섬의 벼와 곡식을 넣어 둘 수 있다.

열고 닫을 수 있는 덮개에 자물쇠가 달려 있다.

두꺼운 통판으로 몸체를 짜고 네 개의 기둥에 짧은 발이 달려 있다.

뒤주

뒤주에 자물쇠를 채웠다.

뒤주 뒤주는 무게감이 느껴지도록 튼튼하게 만들어졌으며, 보통 쌀이 한두 가마니 정도 들어가는 크기다. 잡곡을 넣어 두는 뒤주는 쌀뒤주보다 작았다.

 # 되

되는 곡식 분량을 재는 그릇이다. 보통 한 홉들이 되를 홉되라 한다. 반 되들이 되, 한 되들이 되, 닷 되들이 되와 한 말들이 되가 있다. 닷 되들이 되를 반 말들이라고도 한다. 리터나 데시리터로 양을 재는 그릇도 넓은 의미에서 모두 되다.

'바닷물이 몇 되나 되겠나?' 하는 수수께끼의 바른 답은 '바다만한 되로 한 되'이다.

한 되들이 되나 홉되, 반 되들이 되는 바른네모나 긴네모 모양이다. 전과 모서리 바닥 둘레에 철판을 박아 전이 닳지 않게 하여 정확한 양을 잴 수 있었다. 닷 되들이 되나 한 말들이 되는 대개 원기둥 모양의 그릇이다.

일반 가정에는 한 되들이 바가지를 정해 놓고 되로 썼는데 이를 됫박이라 하였다. 한 되 양은 약 1.8리터이다. 우리 전통 됫법으로는 열 홉이 한 되, 열 되가 한 말, 열 말이 한 섬이다. 열 되를 대두大斗 한 말, 닷 되를 소두小斗 한 말이라고도 한다.

옛날에는 짚을 엮어서 섬을 만들었는데 한 섬들이, 즉 열 말이 드는 섬이었다. 섬을 한문으로 석石이라 하였다. 부자를 말할 때 백 석지기 천 석지기, 만 석지기 등으로 불렀다. 천 섬을 거두어 들여야 천 석지기 부자로 불리었다.

뒤에 등장한 가마니는 가마니틀에 날새끼를 걸고 가마니바디로 짜서 만드는 짚그릇이었다. 가마 한 개에는 곡식 다섯 말이 들어갔다. 두 가마니면 한 섬이 되는 것이다. 그러나 한 되가 약 1.8리터이기 때문에 숫자의 아귀를 맞추고 편리한 리터로 환산하려고 2리터를 한 되로 하는 되가 나오기도 하였다. '이것을 2리터 한 되짜리 되'라고 하였는데 도량형이 리터 법으로 통일된 뒤에 사용이 금지되었다.

한 되에는 보통 곡식 열 홉이 들어간다. 한 홉은 1.8리터이다.

전과 모서리 바닥 둘레에 철판을 박아 쉽게 닳지 않게 하여 정확한 양을 쟀다.

되

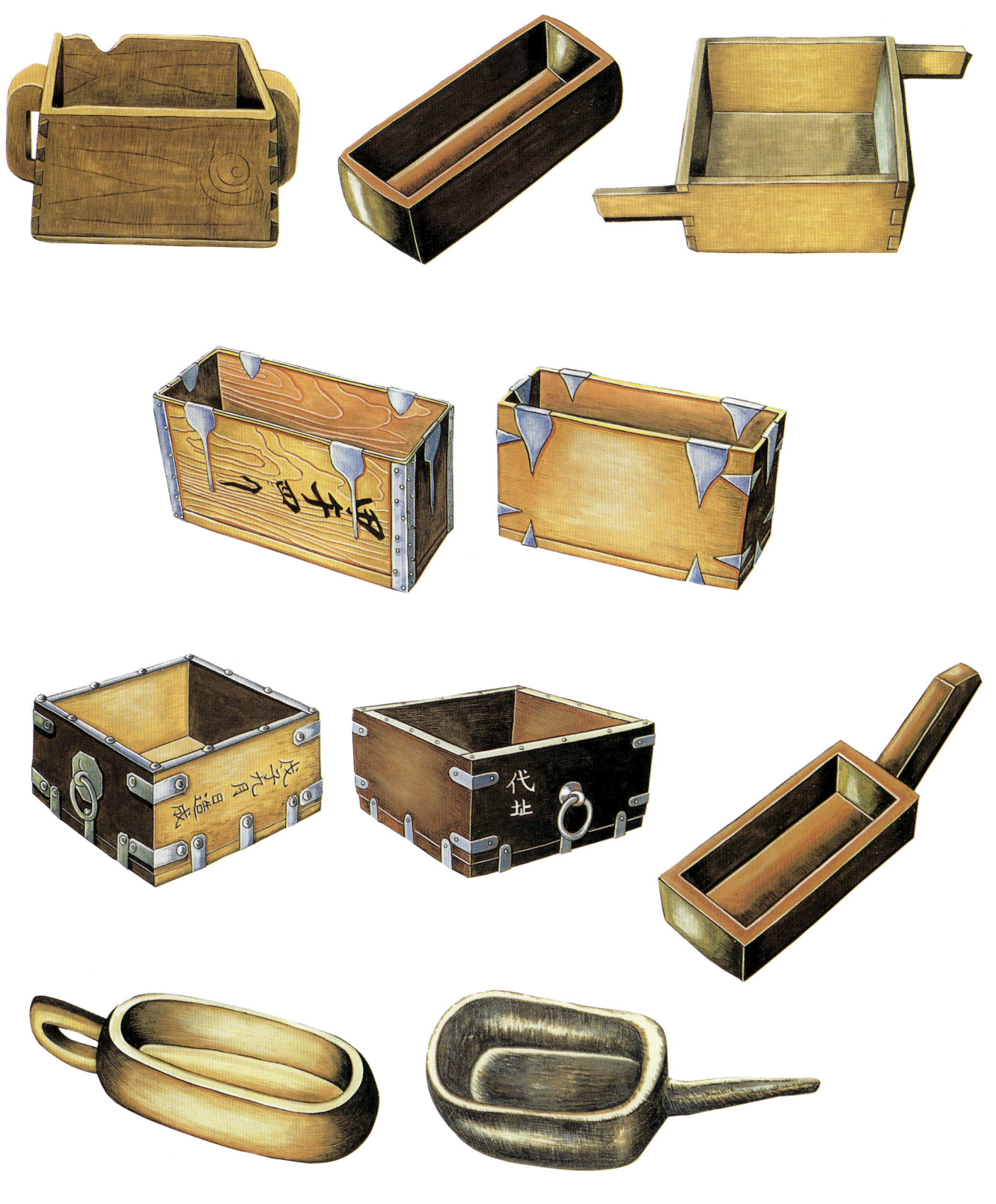

되의 여러 종류

 솥

솥은 밥을 짓거나 물을 끓이는 그릇이다. 토기를 사용하면서 질흙을 구워서 질솥을 만들었다. 그 뒤 무쇠를 부어 만든 무쇠솥이 사용되었으나 이때에도 가난한 사람은 질솥을 사용했다. 양은솥, 전기밥솥이 그 뒤를 이었다.

예전에는 집집마다 온돌을 사용했기 때문에 부엌 아궁이는 음식을 만드는 곳이자 방을 데우는 역할을 했다. 우리나라 무쇠솥은 이러한 아궁이의 특징에 따라 다른 나라 것과 같이 솥밑이 우묵하지 않고 편평하다. 그리고 반드시 부뚜막에 걸치도록 되어 있기 때문에 솥전이 있다.

무쇠솥은 크기에 따라 여러 가지가 있었다. 밥을 짓는 큰 솥을 밥솥이라 하고, 그 옆에 걸린 작은 솥을 옹솥이라 불렀다. 옹솥은 국을 끓이거나 적은 양의 음식을 지지고, 볶고, 삶는 데에 쓰였다. 이러한 솥에는 손잡이가 있는 쇠뚜껑을 덮었다. 솥뚜껑을 떼어 잦혀 놓고 달구어 지짐을 굽기도 하였다.

많은 양의 음식을 만들 때에는 가마솥이라고 하는 가장 큰 솥을 사용하였다. 가마솥 뚜껑은 나무로 만든 것이 많았다. 집안에 큰일이 있거나 메주콩을 삶을 때 가마솥을 사용했다. 또 애벌 씻은 빨래를 잿물에 삶을 때에도 가마솥을 사용했다. 이때 잿물에서 독특한 냄새가 나곤 했다. 이렇게 삶은 빨래를 냇물로 가지고 가서 빨래방망이로 두드려 빨았다. 소를 먹이는 집에서는 끼니때마다 쇠죽을 끓였다. 이것을 '쇳물을 한다'고 했는데 쇳물솥 역시 가마솥이어서 이것을 '쇳물가마'라고도 했다.

우리나라 솥은 밑이 우묵하지 않고 편평하다.

솥전

솥

솥

고려시대의 솥 부뚜막에 걸치지 않고 직접 불을 때어서 밥을 지었다.

수저와 수젓집

수저는 숟가락과 젓가락을 아울러 일컫는 말이다. 숟가락은 밥을 떠먹는 데에 사용하고, 젓가락은 반찬이나 나물을 집는 데에 사용한다. 상차림에는 반드시 수저가 같이 놓인다.

태어나서 한 살이면 숟가락질을 배웠다. 아기에게는 아기에게 알맞은 작은 숟가락이 있다. 네 살이 되면 젓가락질을 배운다. 숟가락질이나 젓가락질을 처음 할 때는 서툴러서 밥이나 반찬을 흘리게 된다.

숟가락의 역사를 살펴보면 처음에는 조개껍데기를 숟가락으로 사용했다. 그 뒤 놋쇠와 은 등을 가지고 숟가락을 만들었다. 스테인레스가 숟가락 재료로 쓰이게 된 것은 최근의 일이다. 은수저는 궁중에서 사용했고, 일반 가정에서는 대부분 놋쇠 숟가락을 사용했다.

숟가락은 오목하게 들어간 타원형에 자루가 달린 모양이다. 자루 부분을 숟가락총이라 하고 밥이 담기는 부분을 숟가락잎이라 한다.

젓가락 재료로는 나무(특히 대나무)와 놋쇠·스테인레스 등을 사용하는데 예전에는 대나무를 재료로 한 것과 놋쇠 젓가락이 많았다. 젓가락은 한국·중국·일본 등 동양에서만 사용하는 식사도구이다.

고급 수저에는 복을 비는 의미에서 목숨 수壽자·복 복福자 무늬를 놓은 것이 있다. 이를 수복놓이 숟가락, 수복놓이 젓가락이라 한다. 이 밖에도 민속 미술품에는 수젓집이 있다. 수젓집은 수저를 넣어 두는 비단 주머니로 거죽에 고운 자수를 놓았다. 이것이 혼인 때에 신부의 지참물이었다.

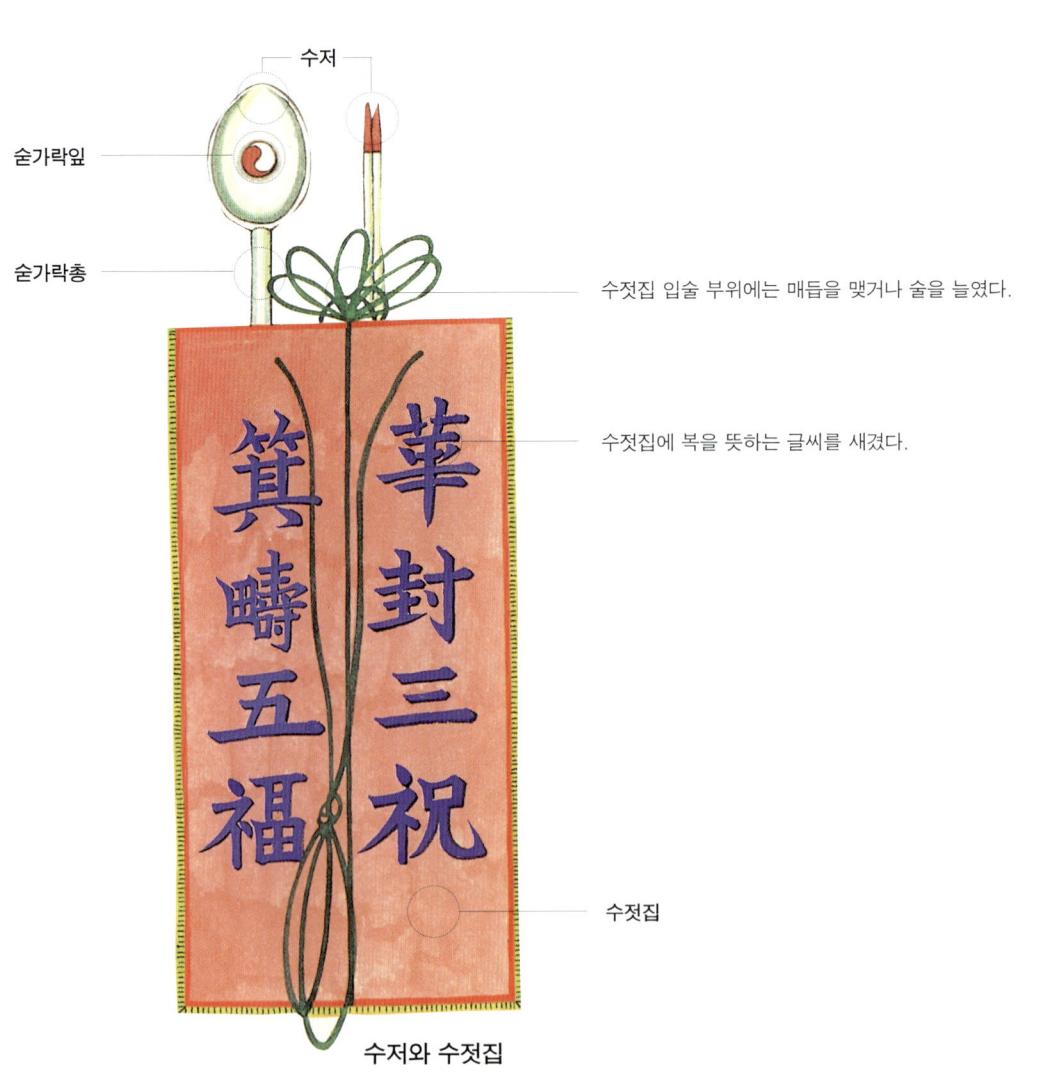

수저와 수젓집

수젓집의 여러 종류

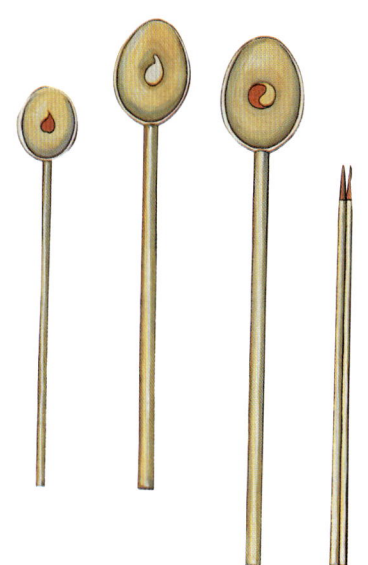

수저　　　　　　　　　　수젓집에 수저를 넣어 두었다.

식생활　59

 # 신선로

신선로는 우리나라에만 있는 조리기구로 상 위에 놓고 열구자탕悅口子湯을 끓이는 작은 놋쇠 화로이다. 그 이름에는 신선이 지니는 화로라는 멋있는 뜻이 있다.

신선로에는 높은 굽이 있고, 윗부분이 대접처럼 생겼다. 그릇 가운데에 숯불을 담는 화로통이 있고 그 둘레에 음식을 담아서 끓인다.

신선로로 열구자탕을 끓일 때에는 그 밑바닥에서부터 재료를 쌓는다. 쇠고기를 잘게 썰어서 양념한 것과 고기에 무를 섞어서 곤 것을 함께 썰어 넣는다. 그 위에 생선전·소의 천엽으로 붙인 전·쇠간을 얇게 썰어서 붙인 전·미나리전 등을 담고, 그 위에 해삼·전복을 얹고, 맨 위에 지단을 얹는다. 지단은 달걀의 흰자와 노른자를 따로 부침질한 것이다. 지단과 함께 표고버섯·석이버섯·붉은 고추·쇠고기 완자·깐 호두·볶은 은행 등을 색깔을 맞추어 돌려 담는다. 쇠고기 완자는 쇠고기를 잘게 이겨 달걀·두부·갖은 양념을 섞고 둥글게 빚어서 기름에 지진 것이다. 이렇게 지진 것에 쇠고기 맑은 장국을 붓고, 가운데 부위에 있는 화로통에 숯불을 담아서 끓인다. 이것이 열구자탕이다. 열구자탕에는 산과 바다에서 온 맛깔이 한데 어우러져 있으며, 그릇 모양도 아주 멋스럽다.

신선로를 처음 발명한 사람은 조선시대 연산군의 신하 정희량鄭希良이다. 연산군은 무오사화를 일으켜 많은 선비를 죽이거나 귀양을 보냈다. 정희량은 귀양 갔다가 풀려나 산중에 숨어 살았다. 이때 별다른 모양의 화로에 채소를 끓여 먹었는데 그것이 '신선의 화로 같다' 하여 신선로라 부르게 되었다고 한다.

신선로

신선로 신선로는 신선이 사용하는 화로라는 뜻이다. 조선시대 정희량이 귀양을 갔다가 산중에서 지내며 특이한 모양의 화로에 채소를 끓여 먹었는데 그것이 '신선의 화로 같다' 하여 신선로라 부르게 되었다.

식생활 61

도자기

도자기는 흙으로 만든 그릇을 가리키는 말로 도기·토기·자기 등으로 나뉜다.

도기와 토기는 진흙으로 만들어 가마에 구운 그릇이다. 자기는 백토 따위를 구워서 만든 사기그릇으로 크게 청자와 백자로 나눈다. 여기에 여러 가지 기법과 조형을 따라 그림을 새긴다. 무늬를 먼저 새긴 다음 거기에 다른 재료를 끼워 그 모양이 드러나게 하는 상감기법은 우리나라의 뛰어난 도자기 제조법 중 하나이다.

우리 할아버지들이 그릇을 처음 굽기 시작한 것은 4천 년 이전부터이다. 삼국시대에는 정교한 토기를 구워서 사용했다. 고려시대에는 청자를 구웠고, 상감기법을 개발하여 세계 미술사에 큰 자취를 남겼다. 조선시대에 이르러서는 훌륭한 백자를 구웠다.

도자기로 만든 그릇은 재료와 무늬·만든 방법·종류에 따라 이름이 다르게 불리었다. 매병·병·주전자·단지·사발·항아리·술잔·연적 등 여러 가지가 있다. '청자상감 모란국화문 매병'이란 긴 이름은, 청자에 상감법으로 모란과 국화를 새겨 넣은 매병이라는 뜻이다. 매병이란 아가리가 좁고 어깨가 넓으며 밑이 홀쭉한 병을 말한다.

도자기를 만들 때에는 먼저 재료 흙을 이겨서 물레 위에 놓고 돌린다. 그런 다음 도자기 모양을 만들고 여기에 무늬를 조각하거나 그림을 그린다. 이 작업이 끝나면 유약을 바르고 가마에 넣어서 초벌구이를 한다. 그 뒤 1400도의 높은 온도에서 본구이를 하고, 식히면 도자기가 완성된다.

도자기

병

항아리

도자기의 여러 종류

 # 찬합

찬합饌盒은 반찬이나 술안주 등을 담는 여러 층으로 된 그릇이다. 찬합이란 반찬을 담는 합盒이라는 뜻이다.

합은 운두가 낮은 놋그릇(유기)으로 뚜껑이 있고, 둥글넓적하여 주발이나 대접과는 모양이 달랐다. 마른 반찬을 갈무리하거나 국수장국·떡국·약식을 담는 데 쓰였다. 또 여자 밥그릇으로도 사용되었다. 넓고 큰 합은 양푼이 대용으로 쓰이거나 밥통으로도 쓰였다. 요즘에는 놋그릇 대신 양은 제품이 많이 쓰인다.

합을 포갤 수 있게 만든 것이 찬합이다. 굽을 안으로 좁혀서 같은 모양의 그릇을 여러 층 포갤 수 있게 한 것이다. 찬합은 3층으로 된 것도 있었으나 대개 5층이었다. 나무 제품이 많았고, 모양은 정사각형이었다. 맨 위에는 네모난 뚜껑이 있었다. 나무로 예쁘게 만든 찬합에는 안팎에 주칠을 하였다. 주칠이란 밥상처럼 검붉은 빛깔을 칠하는 걸 말한다. 예쁘게 잘 만든 찬합은 목공예 미술품이었다. 이 밖에도 자기 제품이나 대나무를 쪼개어 광주리처럼 엮어 만든 것도 있었다.

찬합은 제사상 제기로도 사용되었다. 옛날에는 제사가 끝난 뒤 제물을 갖추갖추 잘라서 이웃에 나누어 주었다. 이것을 음복이라 한다. 이 심부름은 어린이들이 맡아서 하였는데 음복을 나르는 그릇으로 가볍고 깨어질 염려가 없는 찬합이 쓰였다.

옛날에는 결혼한 여자가 일 년 동안 친정에 머문 다음 시댁에 갔는데, 이를 신행이라 했다. 신행에는 시부모께 드릴 대추·밤·엿·포·전 등의 폐백을 찬합에 담아 가지고 갔다. 이처럼 찬합은 제사나 잔치에 쓰이는 귀한 그릇이었다.

3층 찬합

나무로 예쁘게 만든 모양에 검붉은 빛깔을 칠하고 자개로 장식하였다.

굽을 안으로 좁혀서 만들어 같은 모양의 그릇을 여러 층 포갤 수 있게 만들었다.

찬합

5층 찬합

5층 찬합

신라 토기

우리 조상은 선사시대부터 흙으로 그릇을 구워 사용하였다. 선사시대에는 무늬가 없는 민무늬토기와 빗살무늬토기 등을 구웠다. 빗살무늬토기는 그릇에 돌아가면서 빗살모양의 자국을 낸 토기이다. 이 시대에는 높은 열을 낼 수 없었고 그릇을 만드는 기술이 그리 발달하지 않았기 때문에 물레 없이 손으로 빚어 그릇을 만들었다. 유약을 바르지 않고 비교적 낮은 온도의 불에서 그릇을 구운 것이다.

삼국시대에 와서 토기 제작 기술이 발달했다. 신라 옛 무덤에서는 당시에 사용된 토기가 많이 나오는데 그 중에는 아주 정교한 그릇이 많다. 빛깔은 대부분 검은 회색이며 1200~1300도로 구워진 그릇으로 보인다. 토기에 유약을 쓰게 된 것은 신라 말기였다.

신라 토기는 항아리와 고배가 기본형이었다. 항아리는 목이 긴 것과 짧은 것이 있다. 고배는 높은 굽다리를 붙인 접시 또는 술잔이다. 이런 기본형에서 손잡이가 있는 항아리, 뚜껑이 있는 고배, 목이 긴 병, 뚜껑이 있는 단지 등의 여러 모양으로 발전하였다.

고배나 항아리 굽다리에 투창透窓이 있는 것이 신라 토기의 특징이다. 고배에는 투창이 두 층인 것이 많았고, 높은 것은 삼 층이었다. 투창은 굽다리에 뚫려 있는 네모나, 세모진 구멍을 말한다.

신라 토기에는 둥근테무늬, 가로 세로 선을 마주 그은 격자무늬, 고기뼈무늬, 삼각무늬, 톱날무늬, 구슬무늬, 점선무늬 등이 있었다. 특히 고배 뚜껑에는 동물·사람 등의 여러 모양을 만들어 붙이기도 하였다.

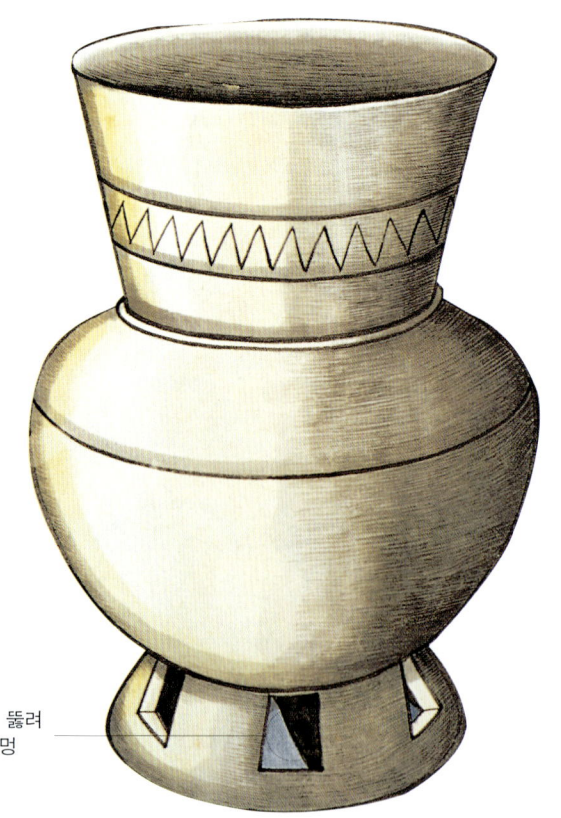

투창 굽다리에 뚫려 있는 네모진 구멍

신라 토기

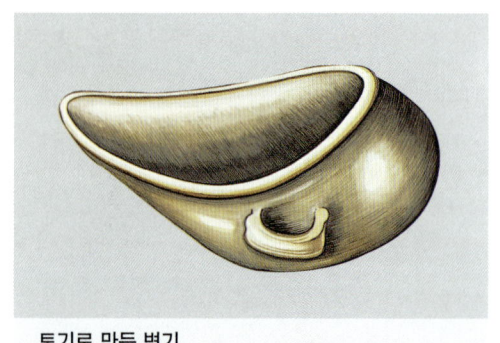

토기로 만든 변기

고배의 여러 종류

오리 모양을 본뜬 아병토기

경주시 미추왕릉에서 나온 신구형 토기. 거북의 몸체에 용의 머리와 꼬리를 가진 상상의 동물 모양이다.

마차 모양을 본뜬 차륜토기

잡신상을 새긴 토우

식생활 67

 # 약틀

한약방에서 지어 온 약을 달이는 질그릇을 약탕관이라 한다. 약탕관에는 주로 손잡이 자루가 달려 있다.

약을 달일 때에는 먼저 약탕관에 약을 넣고 물 한 대접을 붓는다. 그런 다음 약을 쌌던 약첩 종이로 약탕관 아가리를 덮고, 아가리 전을 싼 다음 이것을 숯불에 얹는다. 두어 시간 뒤 약이 다 달여지면 그릇을 받친 삼베 천에 약물을 쏟는다. 삼베는 뜨거운 물에 질기고, 올이 성겨서 약물이 잘 빠진다.

약을 짤 때에는 뜨겁게 달여진 약을 약수건에다 싸고 끝을 쥔 다음 약막대기 두 개를 대어서 짠다. 한 대접 부운 물이 증발하여, 약물 반 대접이 되면 약이 잘 달여진 것이다. 약물이 반 대접 안 되면 약을 너무 조렸다 하고, 반 대접이 넘으면 묽게 달인 것이다. 이렇게 첫 탕을 끓이고 남은 약찌꺼기는 두 첩 분을 한데 넣어 재탕을 끓인다. 그러나 약막대기를 대어 약을 짜는 일은 힘이 든다. 그래서 약을 짜는 약틀을 쓴다.

약틀은 지레를 이용해서 만든 약 짜는 틀이다. 모양은 여러 가지이지만 기본은 바탕이 되는 나무판과 누르는 나무판이다. 누르는 판의 한 끝이 바탕 되는 나무 판에 지렛대로 고정되어 있고 반대쪽에 손잡이가 있다. 바탕 되는 판자 밑에는 짠 약물이 내려가는 구멍이 있다. 그 구멍 밑에 약사발을 받친다. 약탕관에서 금방 쏟아낸 뜨거운 약을 약수건에 싸서 약틀에 끼우고, 손잡이를 누르면 지레의 작용으로 쉽게 약이 짜이어 약그릇에 고인다.

약틀은 넉넉한 가정이나 약방에서 두고 썼다. 일반 가정에서는 약막대기나 젓가락을 대어 약을 짰다.

아래판 위에 약수건을 올려 놓고 위판을 누르면 약이 짜여진다.

약물이 내려가는 구멍 밑에 약사발을 바친다.

넓은 판때기에 구멍을 낸 약틀

약틀

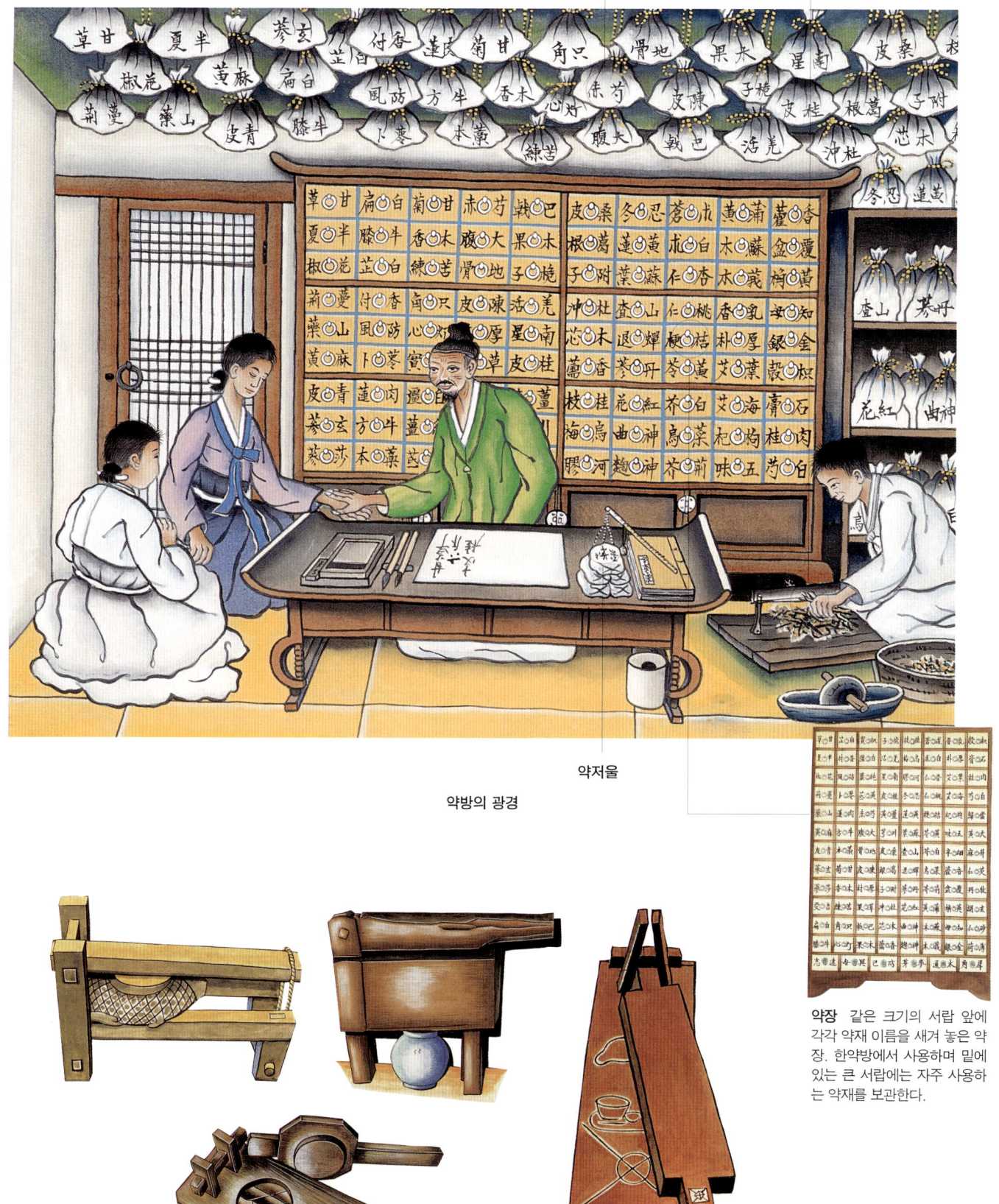

약재를 싼 종이봉지를 보꾹에 매달아 놓았다.

약작두

약저울

약방의 광경

약장 같은 크기의 서랍 앞에 각각 약재 이름을 새겨 놓은 약장. 한약방에서 사용하며 밑에 있는 큰 서랍에는 자주 사용하는 약재를 보관한다.

약틀의 여러 종류 주로 약방이나 넉넉한 가정에서 두고 썼는데, 두 개의 나무판으로 지렛대의 원리를 이용해 만들었다.

식생활 69

 약연(연차)

서양 의학이 전해지기 전에는 한의사를 그냥 의사 또는 의원으로 불렀다. 의원이 약을 지어 환자를 치료하는 곳을 약방이라 했다. 약방에 들어서면 서랍이 많은 약장이 있고, 그 서랍마다 약 이름이 조르륵 씌어 있었다. 보꾹에는 약재를 싼 커다란 종이봉지가 주렁주렁 달려 있었는데 봉지마다 약재 이름이 씌어 있었다.

의원은 약재를 잘게 썰거나 가루로 만들어 약장 서랍에 따로따로 넣어 둔다. 환자가 오면 작은 약저울로 달아서 약을 지어 주었다.

약방에는 언제나 약 냄새가 가득했다. 약초 잎·줄기·뿌리가 주된 약재이고 동물도 약재로 쓰이는 것이 있었다. 드물게는 화학물질이나 광물도 약으로 쓰였다. 약방에서는 잘 말린 약재를 잘게 썰거나 가루를 만들어서 약으로 썼다. 이때에는 보통 작두보다 작은 약작두를 쓰거나 약연을 썼다.

약연은 약을 가는 제약기구로 지금까지 쓰이고 있다. 약연은 오목하게 패인 호박과 호박에다 약을 가는 연차와 그리고 연차를 굴리는 손잡이로 되어 있다. 약연 호박은 단단한 나무나 돌 또는 쇠로 만든다. 드물게는 자기로 만든 것도 있었다. 연차는 무게가 있어야 하므로 돌이나 무쇠로 만들고, 연차를 굴리는 손잡이는 쇠로 만들었다. 약연의 호박은 약재를 갈 수 있도록 오목하게 패어 있다. 연차도 호박에 맞춘 것이어서 바퀴가 좁다랗다. 호박 안에 약재를 넣고 연차를 굴리면 연차는 몸무게로 약재를 으깨고 갈아서 가루로 만든다.

손잡이 연차에 구멍을 뚫어 손잡이를 끼웠다. 손잡이를 잡고 연차를 굴리면 약이 갈린다.

연차 돌이나 무쇠로 만든 것으로 약재를 으깨고 간다.

호박 약재를 갈 수 있도록 오목하게 패여 있다.

약연

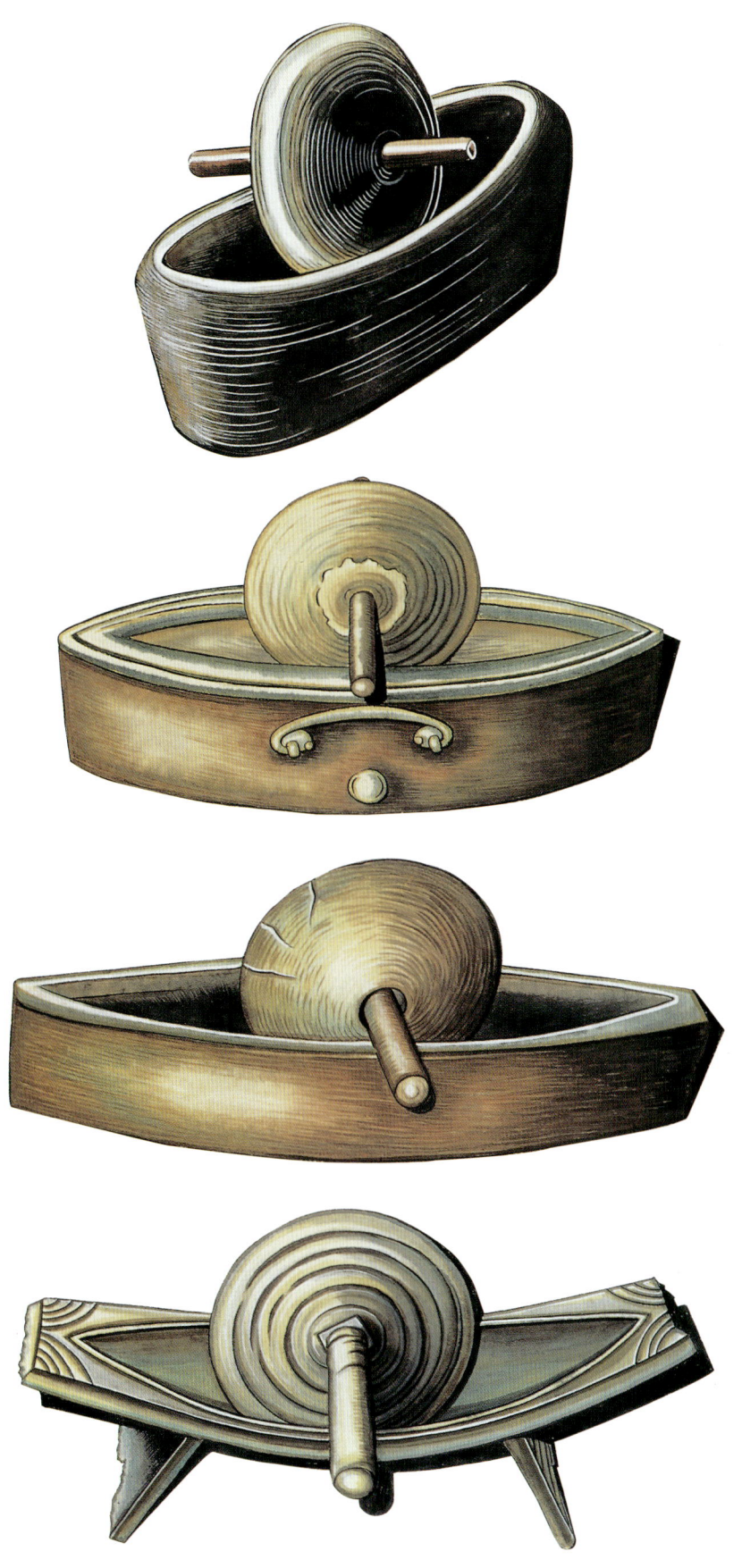

약연의 여러 종류 약재를 으깨고 갈아서 가루로 만드는 데 썼다.

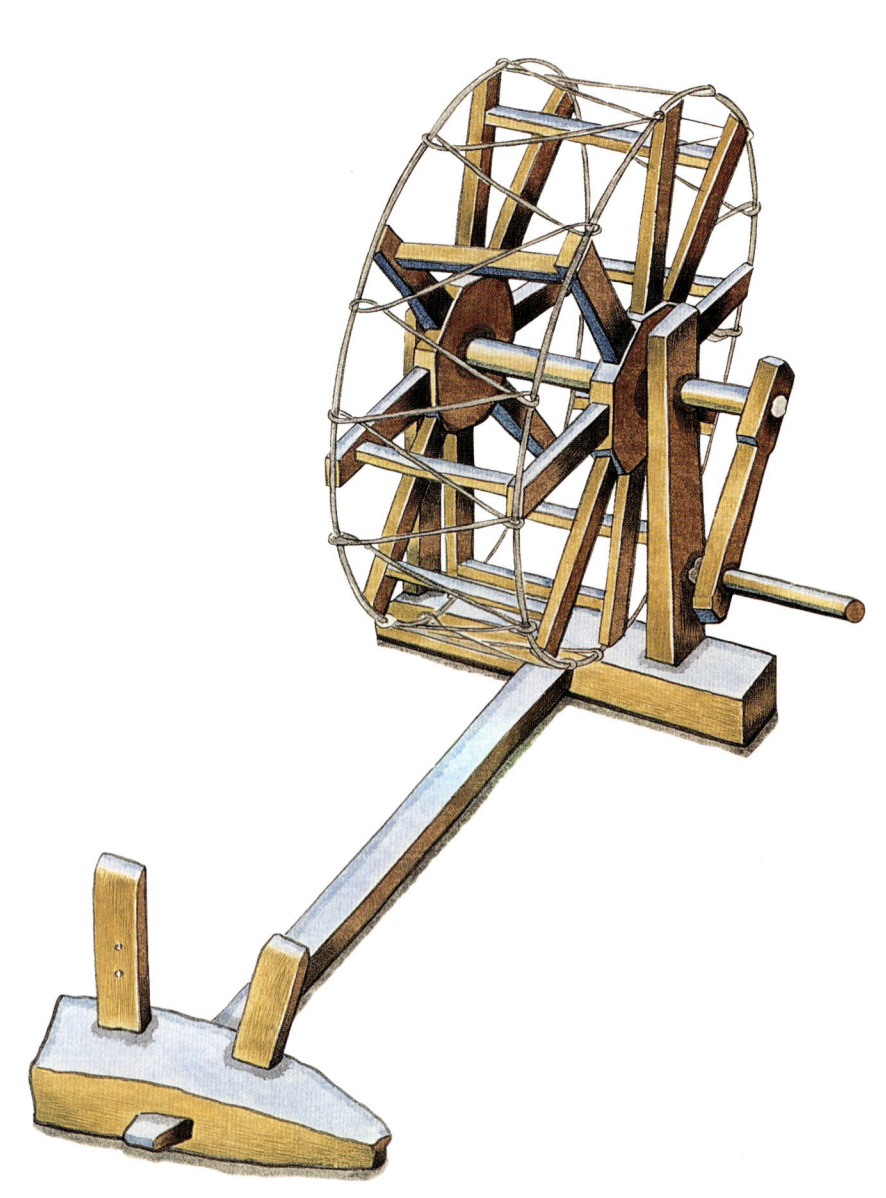

의생활

각대	노리개
관모	바느질 도구
남바위 · 조바위 · 아얌	혼례복
베틀	족두리
물레	승복
북	토시
신	

각대 角帶

옛날 벼슬아치는 조정에서 예복을 입었다. 이것을 조복·공복 또는 관복이라 불렀다.

조복에는 반드시 허리에 띠를 둘렀다. 이것을 각대 또는 각띠라 한다. 각대는 지위와 품계에 따라 제품이 달랐다. 조선시대 왕은 비취옥을 붙여서 만든 각대를 사용하였다. 이를 비취대라 하였다. 태자는 옥을 붙여서 만든 옥대를 둘렀고, 제일 높은 벼슬아치인 1품관은 무소뿔을 재료로 만든 서각대를 띠었다. 그 아래로 금을 조각해서 붙인 금각대와 은을 조각해서 붙인 은각대가 있었다. 금각대는 삽금대·소금대로 분류되고, 은각대는 삽은대·소은대가 있다. 낮은 자리의 벼슬아치는 흑각대·오각대를 사용하였다. 국상을 당하면 베로 만든 포품대를 띠었다.

궁중에서는 특별히 기능공을 두고 각대를 만들어 필요한 양을 충당하였다.

민간에서는 혼례를 올릴 때 신랑이 벼슬아치 차림을 하였다. 벼슬아치 관복을 결혼식 예복으로 사용한 것이다. 신랑은 사모를 쓰고 관복(관대)을 입고, 각대도 둘렀다. 혼례용 사모·관복·각대 등은 마을에서 공동으로 마련해 두고 결혼식 때 사용하였다.

벼슬아치 예복에 각대를 사용한 것은 신라시대 때부터이다. 처음에는 베로 띠를 만들어 사용하다가 비단띠를 두르고, 그 이후에 가죽띠를 둘렀다. 연금술이 발달하자 금과 은으로 각대를 만들었다. 신라시대 각대가 얼마나 화려했는지는 경주 옛무덤 천마총에서 나온 국보 190호 금제과대만 보아도 알 수 있다. 길이가 125센티이고, 정교한 무늬의 금조각을 이은 허리띠에 44개의 고리가 있고, 허리 장식 13개가 달려 있다. 허리 장식에는 영락 끝에다 곡옥, 물고기 모양의 금조각, 금장도 등을 달아 놓았다.

각대

각대의 여러 종류

관모 冠帽

우리나라는 옛적부터 여러 가지 쓰개가 있었다. 이것을 관모라 한다. 관모는 직위와 계급·소속과 나이·성별에 따라 다르게 하고, 벼슬아치가 쓰는 관모는 법으로 정해 두었다.

신라 왕이 쓰던 금관은 모양이 독특하고 예술미가 뛰어났다. 고려시대 이후 왕은 면류관이나 익선관, 통천관 등을 썼다. 면류관은 정복에 갖추어 쓰던 관모로 거죽은 검고, 안은 붉으며 위에는 긴 사각형의 판이 있고, 관 앞뒤에 구슬을 꿴 줄을 여러 개 늘어뜨렸다. 즉위식이나 큰 제전 때 쓰였다. 익선관은 왕이 평복 차림으로 사무를 처리할 때 쓰던 왕관이다. 통천관은 정무를 볼 때나 신하들에게 내리는 명령을 발효할 때 사용하였다.

문관의 경우 복두와 사모를 썼다. 복두는 위쪽이 편편하고 둘레에 모가 나 있고, 사모는 모양이 둥그스름했다. 복두는 신라시대 때부터 높은 벼슬아치들이 쓰던 관모였는데 점차 과거에 급제한 사람이 합격증서인 홍패를 받을 때 쓰는 의관으로 바뀌었다.

군인, 특히 졸병이 쓰던 벙거지는 털로 검고 두껍게 만든 모자였다. 벙거지 중에서 무관 벼슬아치가 쓰는 것을 전립이라 하였다. 전립은 붉은 털로 끈을 꼬아 둘레에 두르고, 벙거지 꼭지에 구슬을 꿰어서 달고 그 끝에 깃을 달았다.

갓은 양반이나 선비가 쓰던 관모였으나 차츰 널리 쓰이게 되었다. 갓이 움직이지 않도록 안에 탕건이라는 내관을 받쳐서 썼고, 머리카락이 흐트러지지 않게 머리에는 망건을 썼다. 선비들은 뿔이 나 있는 정자관을 쓰기도 하였다. 갓·탕건·망건·정자관 등은 모두 말총으로 짜서 만든 관모였다.

여자의 관모로는 너울·족두리·가리마가 있었다. 너울은 부인이 얼굴을 가리기 위해 머리에 쓰던 것이고, 족두리는 예복에 갖추어 쓰던 관모였다. 가리마는 부녀가 큰머리 위에 덮어 쓰던 검은 헝겊으로 된 쓰개였다. 어린이용 관모로는 초립과 복건, 굴레가 있었고, 추위를 막는 남바위와 조바위와 비와 햇빛을 가리는 관모로는 삿갓이 있었다.

면류관(冕旒冠) 제왕의 정복(곤룡포)에 갖추어 쓰던 관모

연(延)

굉 구슬을 꿰는 끈

구슬

절첩관(折疊冠)

관모

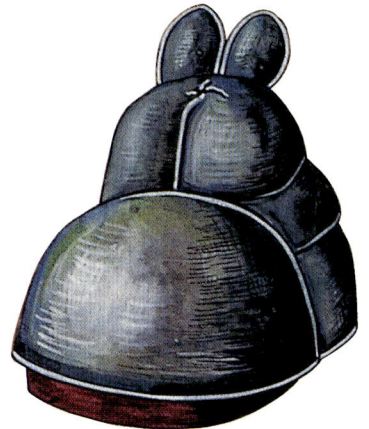
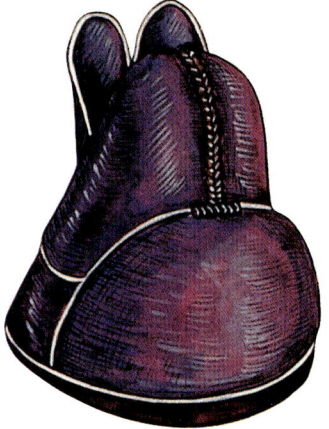

익선관(翼善冠) 임금이 평상복으로 갖추어 정무를 볼 때 쓰던 왕관

복두(幞頭) 주로 과거에 급제한 사람이 홍패를 받을 때 쓰던 관 **제관(祭冠)** 제사 때, 제관이 쓰던 관

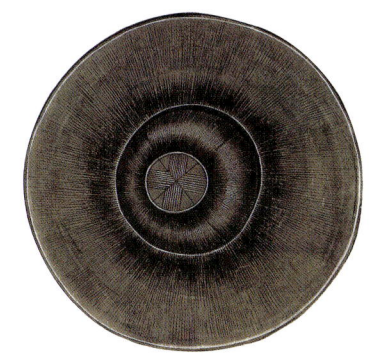

흑립(黑笠)   체전부제모(遞傳夫制帽)

초립(草笠)   털모자

관모의 여러 종류

남바위 · 조바위 · 아얌

남바위와 조바위·아얌은 추위를 막는 관이다.

남바위는 털이 붙은 가죽을 안에 대고, 겉은 주로 비단으로 만들었다. 앞은 이마를 덮고, 뒤는 귀를 거쳐 목과 등을 내리덮었다. 위쪽에는 구멍이 뚫려 있었다. 부인용 남바위에는 아름다운 수를 놓고, 구슬과 오색술 등으로 장식을 달았다. 우리나라에 서양 목도리가 들어오기 전까지 부인과 노인이 겨울나들이 때에 이것을 썼다.

조선시대의 관리는 사모 위에 남바위를 덮어 써서 추위를 막았다. 높은 관리의 남바위는 담비 가죽과 털을 재료로 하였고, 낮은 직위의 관리는 생명주와 쥐 가죽을 재료로 하였다. 민간에서는 수달 가죽과 털을 남바위 재료로 사용하다가 수달 가죽 값이 오르자 족제비 털로 만들었다.

조바위와 아얌은 남바위가 여자용으로 변한 머리쓰개이다.

조바위는 부녀자가 사용하던 방한모로, 겉은 검정 비단으로 하고 안은 남색 비단이나 무명을 대어 겹으로 만들었다. 윗부분은 열려 있고, 앞이마와 귀를 비롯해 머리 전체를 가렸다. 특히 귀를 덮는 부분이 약간 안으로 오그라져 있어 따뜻했다. 앞뒤를 옥과 비취 등으로 장식하고, 오색 술을 달았다. 트인 위쪽에는 앞뒤로 끈목이나 구슬을 꿴 산호줄을 연결하였다. 이 밖에도 글자 무늬, 꽃무늬를 수놓기도 하고 금박을 올리기도 하였다.

아얌은 이마만 덮고 귀는 내놓도록 마름질했다. 결은 고운 털로 되어 있고, 가장자리는 2~3 센티미터 정도의 검은 털로 선을 둘렀다. 뒤쪽에는 넓은 댕기 모양의 비단을 드리웠는데 멋있게 드리워진 비단을 아얌드림이라 하였다. 흑자색 비단으로 된 아얌드림에는 꽃과 매미 무늬를 수놓거나 금박으로 장식하였다. 그리고 조바위처럼 트인 위쪽 앞뒤를 구슬을 꿴 끈으로 잇고 여러 장식을 달았다.

부인용 남바위에는 아름다운 수를 놓고, 구슬과 오색 술 등을 장식하였다.

위쪽은 뚫려 있다.

앞뒤를 옥과 비취 등으로 장식하고, 오색 술을 달았다.

윗부분은 열려 있다.

털이 붙은 가죽을 안에 대고, 겉은 비단 등 천으로 만들었다.

앞은 이마를 덮고, 뒤는 귀를 거쳐 목과 등을 내리 덮었다.

남바위

앞뒤로 끈목이나 산호줄에 구슬을 꿰어 연결하였다.

조바위

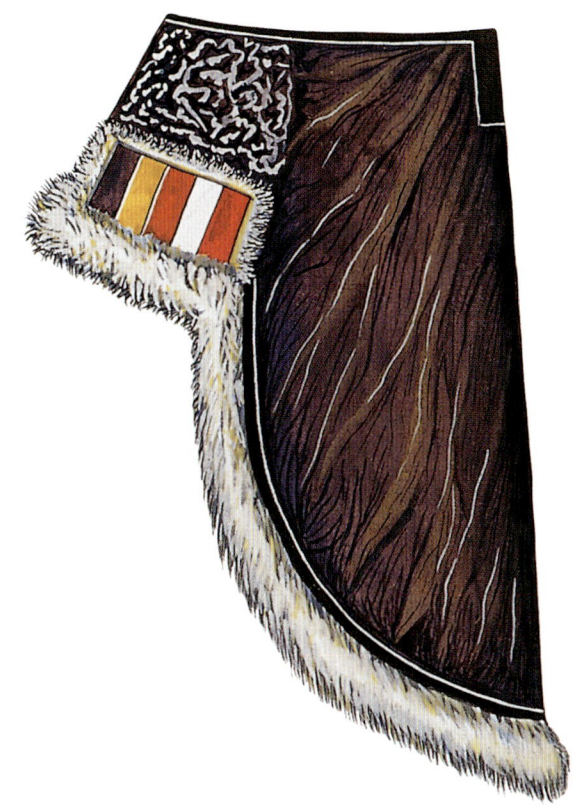

남바위 조선 후기부터 서양의 목도리가 등장할 때까지 주로 부인과 노인들이 사용한 방한모

조바위(여자용) 남바위의 모양이 여자용으로 변한 것

# 베틀

삼베·무명·비단을 만드는 일을 길쌈이라고 하였다. 길쌈은 여자에게 맡겨진 일이었다.

옛날에는 길쌈을 하지 않는 집이 없었기 때문에 이집 저집에서 베 짜는 소리를 들을 수 있었다. 베는 부인이나 아가씨들이 베틀로 짰다.

베틀은 나무로 만든, 베 짜는 틀이다. 두 개의 누운다리와 두 개의 앞다리, 나지막한 뒷다리가 있다. 가운데를 가로지른 가랫장(가로새)이 베틀을 고정시킨다. 베를 다 짜고 나면 부분을 해체할 수 있게 만들었다. 베의 바닥을 이루는 것은 실이다. 세로 짜이는 실을 날이라 하고 가로 짜이는 실을 씨라 한다.

날실을 도투마리에 감아서 앞다리 너머의 채머리에 얹는다. 도투마리의 날실이 풀리면서 바디를 지나게 되는데, 이때에 씨실과 만나 베가 되어 짜인다.

베 짜는 부인이나 아가씨는 베틀 앉을깨에 앉아서 베가 짜여서 감기는 말코를 차고, 베틀신에 발을 넣고 신끈을 놓았다 당겼다 한다. 그러면 베틀의 여러 부분이 같이 움직여 날실 사이를 벌리게 된다. 그 사이를 북이 지나면서 씨실을 풀어 놓아 베의 바닥이 되게 한다.

"짱 짱!" 하는 베틀 소리는 바디집이 짜이는 베의 바닥을 차는 소리이다.

베틀 놓세 베틀 놓세
옥난간에 베틀 놓세
앞다릴랑 도두 놓고
뒷다릴랑 낮게 놓고
구름에다 잉아 걸고
안개 속에 꾸리 삶아
앉을깨에 앉은 선녀
양귀비의 넋이로다

베틀 노래 일부, 청주지방

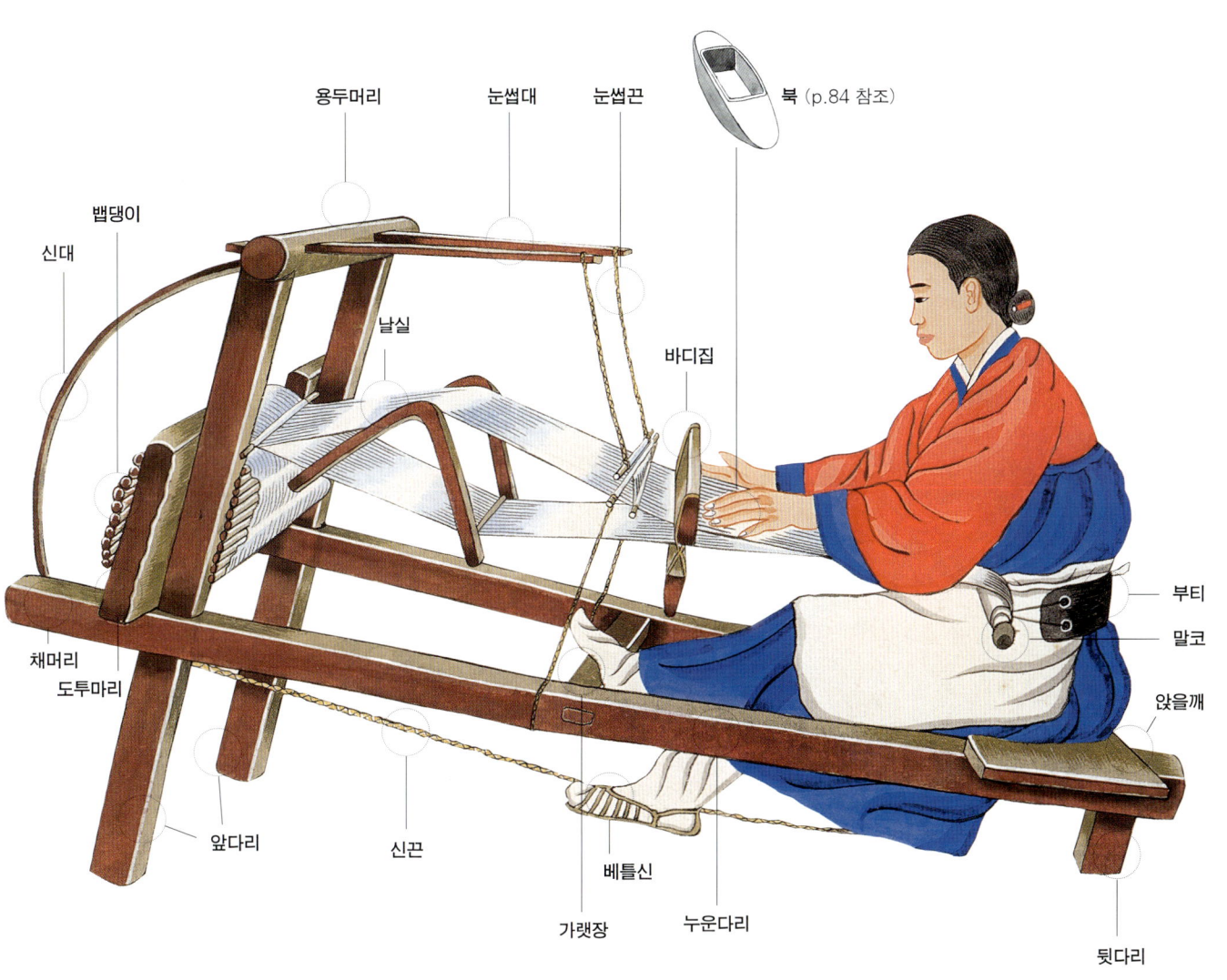

베틀에 앉아 베 짜는 모습

물레

물레는 솜에서 실을 뽑아내는 가내수공업 도구이다. 물레바퀴와 가락을 물렛줄로 이어서 가락을 빨리 돌게 하여 실을 뽑아낸다. 물레바퀴를 이루는 바퀴살을 물레바퀴살이라 한다. 물레바퀴살은 앞쪽 살과 뒤쪽 살을 합쳐 6~8개이다.

앞뒤 바퀴살을 잇는 줄을 동줄이라 한다. 동줄을 물레살에 모두 이으면 물레바퀴가 된다. 물레바퀴의 돌대를을 굴똥이라 한다. 굴똥은 설주의 구멍을 통해서 물레설주에 걸쳐져 있고 굴똥 앞쪽에 잡주지가 박혀 있다. 잡주지 구멍에 꼭지마리를 끼우고 이것을 손잡이로 하여 물레를 돌린다. 설주는 물레바퀴 바닥나무에 꽂혀 있다. 물레바퀴 바닥나무와 괴머리 바닥나무를 가리장나무가 이어준다.

옛날 어머니나 할머니들은 물레질을 하면서 노래를 흥얼거리거나 어린이들에게 옛이야기를 들려주었다.

> 물레씨가 병이 나니
> 애기씨가 성이 나서
> 재넘어가 점을 치니
> 가락고리에 깻국(참깨기름)을 콕 찍으면
> 오롱조롱 소리가 난다 카네.
>
> 의성지방 민요

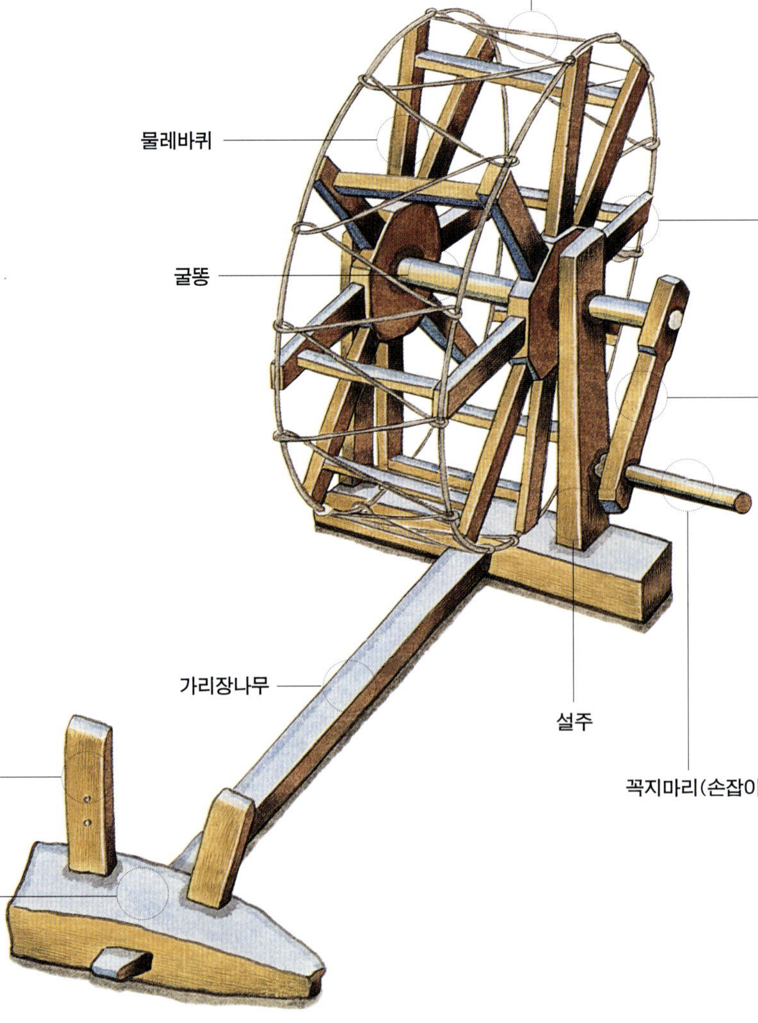

물레

북

북은 베틀에서 날실의 틈으로 왔다 갔다 하면서 씨실을 푸는 기구이다. 무명이나 삼베, 모시를 짤 때 쓰는 큰북과 명주를 짤 때 쓰는 작은북이 있다. 큰북은 길이가 30센티쯤 된다.

　북은 대개 나룻배 모양이고, 날실 사이를 잘 드나들 수 있게 앞뒤가 좁고 두께가 얇다. 가운데가 직사각형으로 오목하게 패어 있으며 옆쪽에 씨실이 나가는 작은 구멍이 있다.

　물레로 무명실을 뽑은 다음, 그것을 풀어서 다시 꾸리를 감는다. 이것이 씨실이다. 삼베 꾸리는 물에 담갔다가 쓰지만 무명 꾸리는 뜨거운 물에 삶아야 실이 끊어지지 않고 잘 풀린다.

　삶은 꾸리를 북 속에 넣고 그 위에 북바늘을 지른다. 북바늘은 대나무를 쪼개고 굽혀서 만든 가는 막대로 꾸리가 빠지지 않게 누르는 일을 한다. 꾸리는 안에서부터 풀리면서 씨실이 되는데 실이 다 풀려 갈 무렵이면 꾸리 모양이 으스러진다. 이때는 으스러진 꾸리를 빼어 북 안에 실을 사려서 넣고 꾸리 실이 다할 때까지 짠다. 북이 날실 사이를 지나다니면서 꾸리로 된 씨실을 풀어 주면 바디와 바디집이 "짱짱" 소리 내며 베를 짠다.

　명주를 짤 때는 작은북을 사용한다. 누에고치에서 잣은 명주실이 무명실, 삼베실보다 가늘기 때문에 꾸리가 작다. 작은북은 명주를 짤 때만 쓰이기 때문에 명주북이라고 부르기도 한다. 명주꾸리도 베꾸리처럼 물에 삶아서 쓴다.

　북은 대추나무 같이 질이 좋고 야문 나무로 만든다.

북

- 날실 사이를 잘 드나들 수 있게 앞뒤가 좁고 두께가 얇다.
- 가운데가 직사각형으로 오목하게 패어 있다.
- 대추나무로 만든 북은 붉은 색이며 겉면이 반들반들하다.
- 옆쪽에 씨실이 나가는 작은 구멍이 있다.

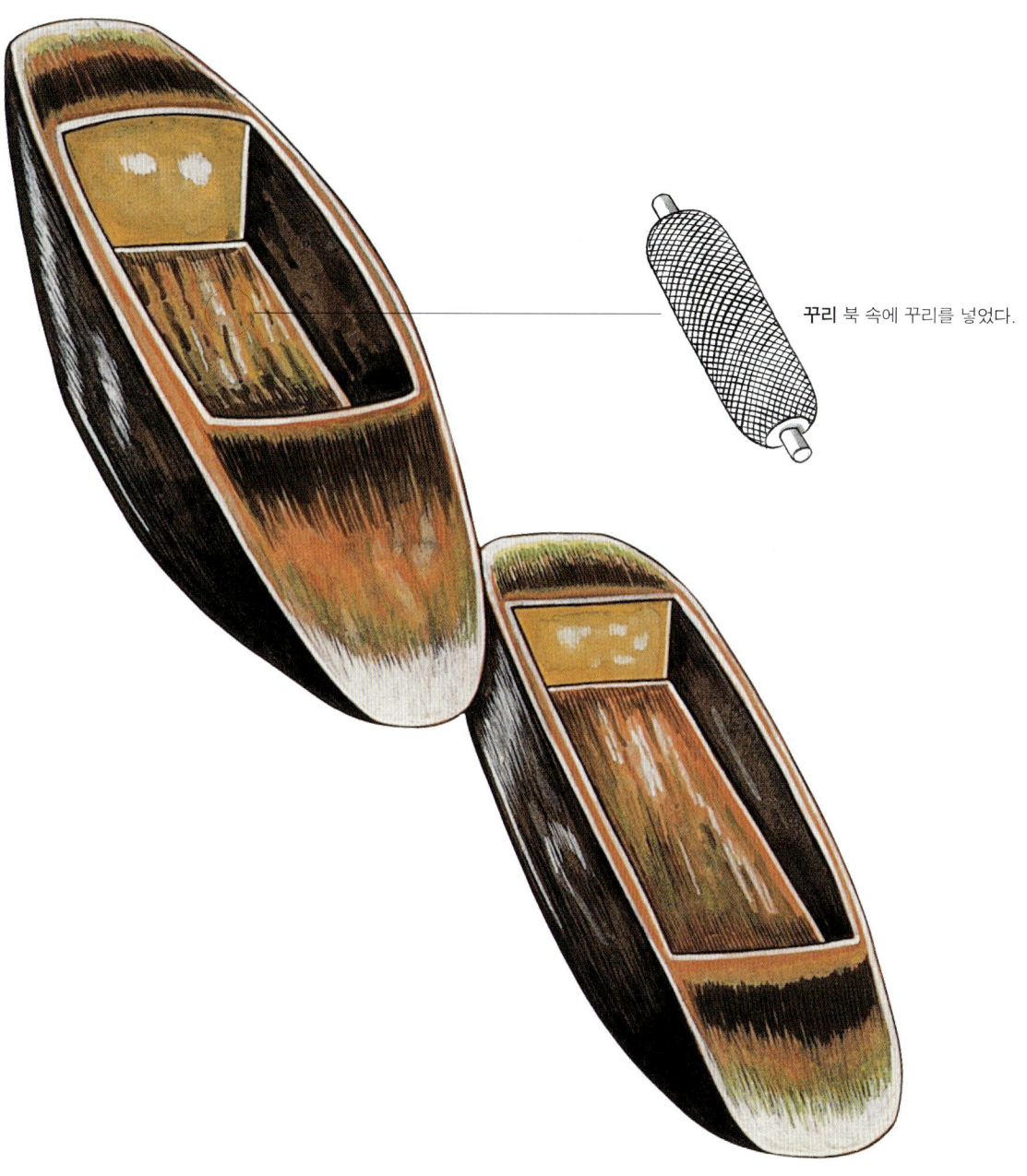

꾸리 북 속에 꾸리를 넣었다.

북 꾸리를 넣고 날실의 틈으로 왔다 갔다 하면서 씨실을 푼다.(p.81 참조)

 # 신

우리나라에는 아득한 옛적부터 신을 예쁘게 만들어 신어 온 것이 그림이나 유물로 남아 있다.

당혜는 가죽과 헝겊을 재료로 하여 만든 여자용 신이다. 울이 깊고 코가 오똑하며 앞코와 뒤축에 당초무늬가 새겨 있다. 안에는 부드러운 융을 깔고, 거죽에는 색깔이 고운 비단을 입히며 신바닥에는 징을 군데군데 박는다. 당혜 모양을 그대로 본떠 만든 것이 여자 고무신이다.

당혜와 같은 종류의 남자용 신을 태사혜라 한다. 가죽이나 여러 겹으로 덧댄 헝겊으로 만들고, 바닥에 징을 박는다. 코가 당혜보다 뭉툭하고 코와 뒤축에 줄무늬가 있다. 태사혜는 조선시대 지체 있는 집 바깥노인이 많이 신었으며, 왕도 평상복에 이 신을 신었다.

궁중에서 일을 보는 벼슬아치들은 관복에 갖추어 신는 흑피혜와 목화를 신었다. 흑피혜는 목이 넓고 긴 신으로 검은 가죽으로 만들었다. 목화는 조선 말엽에 궁중에서 착용한 신이다. 목이 흑피혜보다 낮은 반장화 모양이다. 이 신은 목을 천으로 하고 바닥은 나무로 만들었다.

이 밖에 비 오는 날 진창길에 신는 나막신이 있었다. 나막신은 나무를 파서 만들고, 높은 굽을 달았다.

일반인은 누구나 짚신을 신었다. 농촌 남자는 아이부터 노인까지 모두 짚신을 삼을 줄 알았으며 학교에서 가마니짜기와 함께 짚신 삼기도 가르쳤다. 짚신에는 전문으로 신을 삼는 기능자가 신틀로 만들어 파는 딴총박이 고운 신도 있었다. 이 밖에도 삼을 재료로 하여 짚신처럼 만든 신을 미투리라 하는데, 이 신은 여러 달을 신을 수 있을 만큼 튼튼하였다.

고무신은 1920년대에 등장했는데 당시에는 비싼 고급신이었다. 고무신이 일반화된 것은 한국전쟁 전후의 일이다.

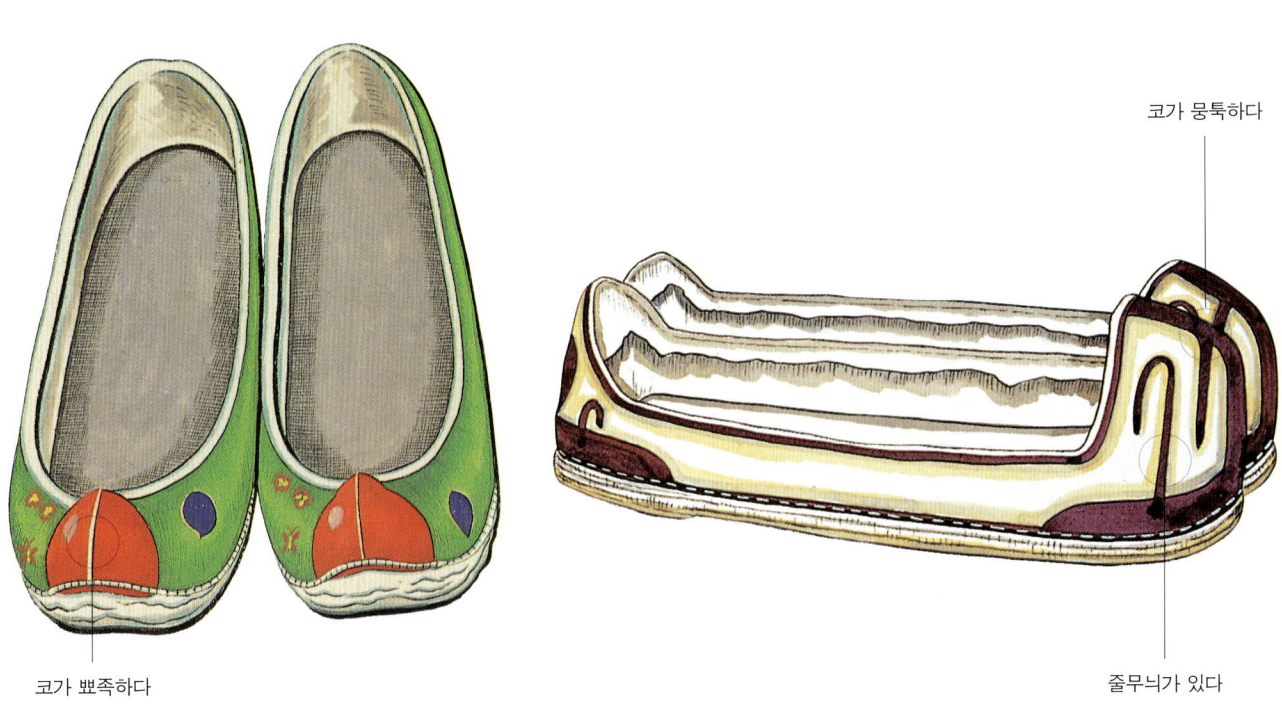

운혜(雲鞋) 여자용 신   **태사혜** 남자용 신

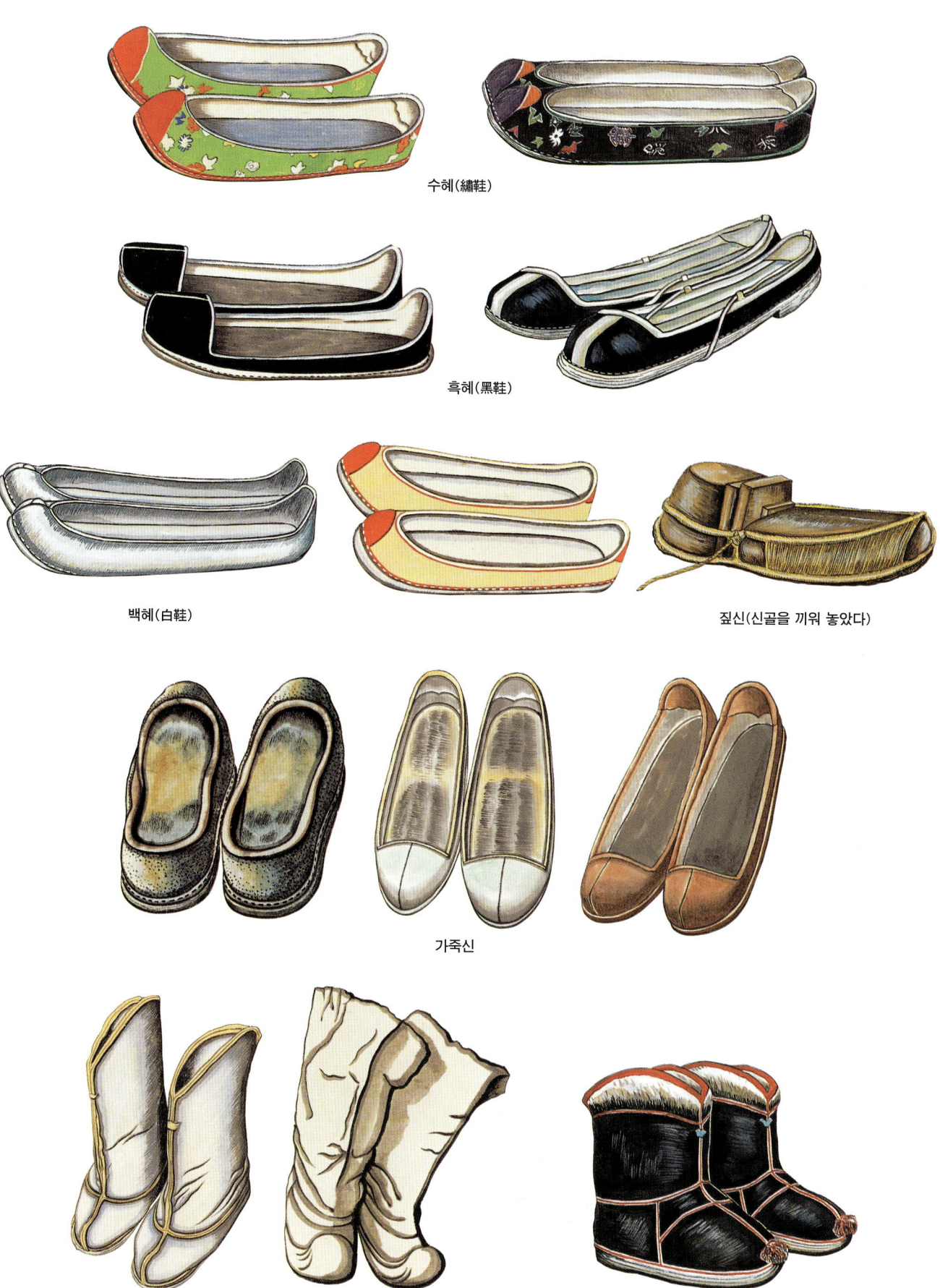

신의 여러 종류

노리개

노리개는 여자가 몸치장을 하기 위해 저고리 고름이나 치마허리 등에 다는 장신구이다. 한복의 아름다움을 더해 주는 장식품으로 궁중에서는 의식이 있을 때 찼고 일반 가정에서는 집안에 경사가 있을 때 달았다. 간단한 노리개는 보통 때에도 달고 다녔다.

노리개는 띠돈·끈목·패물·매듭·술 등 다섯 가지로 짜여 있다. 띠돈은 노리개를 고름에 걸도록 만든 고리 부분이다. 금·은·백옥·비취옥·산호 등으로 만들고 모양은 정사각형·직사각형·둥근모양·꽃모양·나비모양·용무늬·글자무늬 등 여러 가지가 있다. 끈목은 띠돈과 패물·술을 연결하며 매듭을 맺는다.

세 개의 노리개를 한 벌로 꾸민 것을 삼작三作노리개라 한다. 삼작노리개 중에서 대삼작大三作은 가장 호화롭고 큰 것으로 주로 왕비나 궁중 여인이 사용하였다. 단작노리개는 술이 한 가닥인 노리개를 말한다.

노리개 색깔은 홍색·남색·황색이 기본이고 분홍·연두·보라자주·옥색 등 12색이 있었다. 여기에 여러 패물과 여러 매듭법으로 만든 매듭이 곁들여진다.

이처럼 훌륭한 예술품인 노리개에는 나비방울술노리개·도금투각鍍金透刻호리병삼작노리개·장도노리개 등 여러 종류가 있었다. 이중 장도노리개는 노리개에 패물 대신 예쁘고 작은 장도칼을 달아서 장신구 겸 호신용으로 썼다.

노리개는 다채롭고 호화로운 장식이지만 복을 비는 글귀를 새기거나 수를 놓아 소원을 이루려는 여인들의 염원을 담는 것이기도 하였다.

옛적에는 이러한 노리개를 집안 대대로 전하여 자랑으로 삼았다.

노리개 역사는 고려시대부터 시작되었다. 옛 기록에 의하면 고려 때 지체 있는 여인들은 허리에 금방울이나 주머니를 찼다고 한다. 고려말기에 오면서 허리에 차던 것을 옷고름에도 차게 되었고, 조선시대에 와서 옷고름이나 치마허리에 달게 되었다.

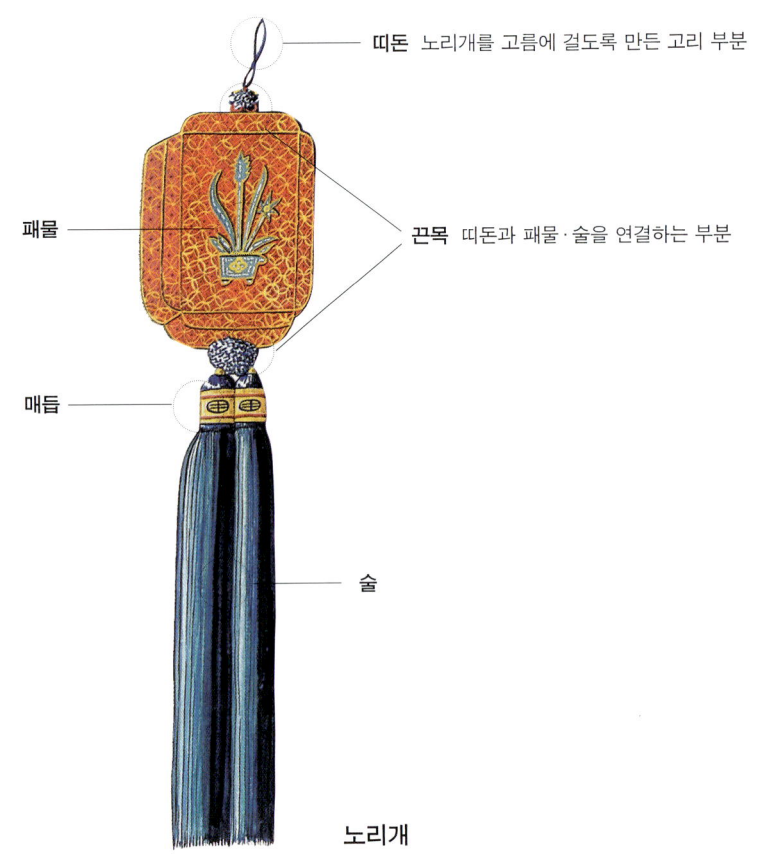

띠돈 노리개를 고름에 걸도록 만든 고리 부분
패물
끈목 띠돈과 패물·술을 연결하는 부분
매듭
술
노리개

노리개의 여러 종류

 바느질 도구

바느질 도구에는 바늘·인두·가위·재봉틀·실패·반짇고리 등이 있다.

바늘은 실을 꿰어 옷을 꿰매는 데 쓰는 도구로 석기 시대부터 사용되었다. 이때에는 짐승 뼈로 만든 뼈바늘을 사용했다. 그 뒤 쇠바늘을 사용했다. 우리 할머니들이 손바느질하는 데 쓰던 바늘에는 가는바늘·중바늘·굵은바늘·돗바늘 등이 있었다. 이것이 지금까지 쓰이고 있다.

가는바늘은 보드라운 옷감으로 옷을 만드는 데 쓰고, 굵은 바늘로는 이불을 꿰맬 때 쓰고, 돗바늘으로는 돗자리나 떨어진 신을 꿰맸다. 바늘 굵기는 1호에서 12호까지 있는데 호수가 적을수록 굵다. 보통 바느질에 쓰이는 바늘은 6~9호이다.

바늘을 녹슬지 않게 꽂아서 보관하는 것이 바늘겨레(바늘집)이다. 비단 조각으로 갸름한 주머니를 짓고 그 안에 머리칼을 채워 만들고, 겉에 수도 놓았다.

바느질을 기계화한 것이 서양에서 전해진 재봉틀이다. 의자에 앉아 발로 돌리는 발틀과 손으로 돌리는 손틀을 사용하였다. 처음에는 상류 가정에서나 사용하는 물건으로 여겨졌다.

인두는 손바느질로 옷을 꿰맨 뒤 천의 구김살을 펴는 도구이다. 머리 부분과 자루는 쇠로 되어 있고, 긴 자루 끝에 나무 손잡이가 있다. 인두 머리는 삼각뿔 모양으로 끝이 뾰족하고, 천에 닿는 바닥은 약간 넓고 반들반들하였다. 이것을 화롯불에 달군 뒤 바느질한 옷감을 눌러 펴거나, 솔기를 꺾어서 누르는 데 썼다. 바느질가위는 옷감이나 천을 자르는 데 쓰였다.

실패는 실을 감아 두고 쓰는 바느질 용구로 직사각형이나 정사각형 모양의 네 귀에 뿔 모양을 낸 것, 여러 무늬를 새기거나 나전으로 만든 것 등이 있었다. 가위·실패·바늘겨레·헝겊·골무 등을 모아 두는 그릇이 반짇고리이다.

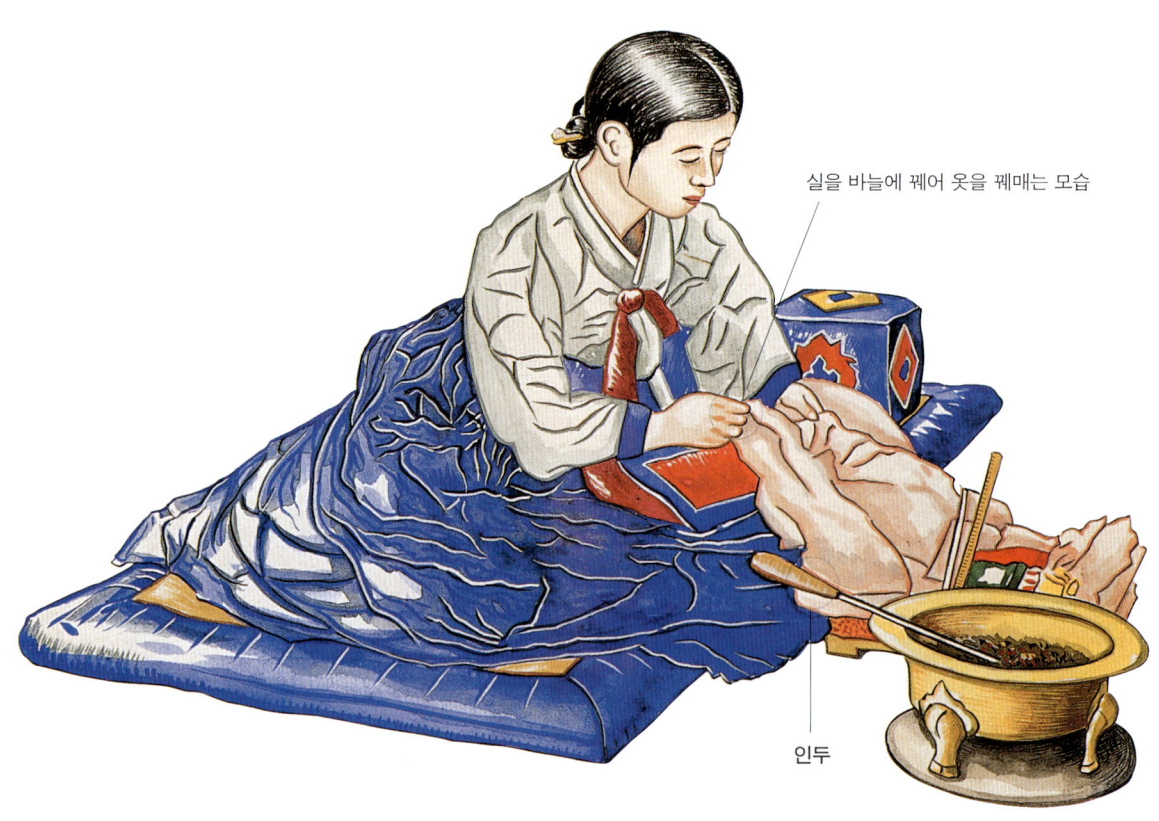

실을 바늘에 꿰어 옷을 꿰매는 모습

인두

손바느질하는 모습

다리미로 천의 구김살을 펴고 있다.

재봉틀

실패 실을 감아 두었다.

바느질 도구

인두 천의 구김살을 펴기 위해 다림질을 할 때 썼다.

 혼례복

우리나라는 옛적부터 혼례의 법을 나라에서 국법으로 정해 두었다. 혼례에서 신랑·신부가 입는 혼례복도 나라에서 정했다. 인생살이에서 가장 경사스런 일인 혼례 당일에는 신랑 신부에게 궁중예복 차림을 허용했다.

신랑은 평상복을 입고, 겉에 제일 높은 벼슬인 일품관 一品官의 예복을 입었다. 이것은 가슴과 등에 학 두 마리가 마주보게 수놓은 쌍학흉배를 단 남색 옷이다. 흉배는 학이나 범을 수놓아 관리의 품계를 나타내는 휘장이다. 허리에는 각대를 둘렀는데 1품관이 착용하는 물소뿔을 재료로 한 서각대였다. 머리에는 사모를 쓰고 목이 긴 검정색 목화를 신는다.

신부는 평상복 위에 치마를 여러 개 껴입고, 깃·소맷부리·겨드랑이를 자주색으로 한 노랑저고리를 입는다. 마지막으로 겉에 입는 옷이 원삼이다. 원삼은 부녀자의 궁중 예복으로 소매가 색동으로 된 긴 옷이다. 원삼 대신 공주 예복인 활옷을 착용하기도 한다. 모양은 원삼과 비슷하며 붉은 비단으로 짓고, 가슴과 등, 소매에 모란꽃 수를 화려하게 놓았다. 신부의 머리에는 족두리를 쓰고, 어여머리를 얹는다.

족두리는 부녀자들이 예복에 갖추어 쓰는 관이다. 어여머리는 족두리를 쓰고 그 위에 틀어 얹는 가발이다. 이런 예식용 가발을 큰머리라고도 하였다. 어여머리에는 패물장식이 따르고, 홍사에 금박을 한 댕기를 늘어뜨린다. 그리고 신부는 용잠이나 봉잠과 같은 큰 비녀를 지른다.

신부 화장은 분을 바른 양 볼에 연지를 찍고 이마에 빨간 종이를 동그랗게 오린 월연지를 붙인다. 그리고 손은 절포(절수건)라는 흰 천으로 가린다.

혼례를 올릴 때는 예복을 갖춘 신랑과 신부가 각각 혼례상의 동쪽과 서쪽에 마주 선다.

혼례식

활옷 붉은 비단으로 짓고, 가슴과 등, 소매에 모란꽃 수를 놓은 옷

활옷

족두리

각대

원삼 부녀자의 궁중 예복으로 소매가 색동으로 된 긴 옷

당의

신행 행차

당의 입은 여인

당의

신행 행차

 족두리

족두리는 의식 때 부녀들이 머리에 쓰는 관이다. 검은 비단으로 만들었는데 아래는 둥근 통모양이고, 위쪽은 여섯 모 나게 하였다. 안쪽 아래에는 솜이 들어 있고, 위는 비어 있다. 관 바깥에 수를 놓거나 산호구슬·호박·진주 등 칠보구슬로 장식했다. 족두리는 예쁘고 화려한 예술품이었다. 양쪽에 두 개의 끈이 있어서 앞머리에 쓰고 비녀 지른 쪽머리 뒤에 묶어 벗겨지지 않게 했다. 혼례식 때 신부 예복에 갖추어 썼기 때문에 '족두리 쓴다' 는 말은 여자가 결혼한다는 뜻으로도 쓰였다.

아무 장식이 없이 검은 비단으로만 된 것을 민족두리라 하고, 장식을 한 족두리를 꾸민족두리라 한다. 보통 족두리라면 꾸민족두리를 말하는데, 판을 밑에 받치고 그 위에 여러 구슬 장식을 달았다.

족두리 쓰는 법은 고려 때 원나라의 영향에서 비롯되었다. 조선 광해군 때 족두리 쓰기가 유행했고, 나라에서 이를 적극 장려하여 우리나라 특유의 민속 의관이 되었다.

옛날 부녀자들은 머리숱이 많고 쪽 진 머리가 큰 것이 자랑이었다. 그래서 부유한 가정의 부녀자들은 다리라는 가발을 덧대어 머리가 크게 보이도록 하였다. 혼례식에 쓰이던 큰머리 가발도 이의 일종이다.

가발을 만드는 다리는 가난한 집안 여자가 머리를 숱아서 파는 머리 묶음이었다. 그래서 다리를 이용한 부녀자의 머리 모양내기는 사회 문제가 되었다. 조선 정조 임금은 이를 시정하기 위해 다리를 드리지 못하도록 법령을 만들고, 대신 족두리를 쓰도록 하였다. 정조가 장려한 족두리는 장식이 없는 민족두리였다. 그러다가 비싼 장식을 곁들인 꾸민족두리가 유행하자 이것 또한 폐단이 되었다고 한다.

관 바깥에 수를 놓거나 산호·호박·진주 등 칠보구슬로 장식했다.

양쪽에 두 개의 끈은 앞머리에 쓰고 비녀지른 쪽머리 뒤에 묶어, 벗겨지지 않게 한다.

족두리

족두리의 여러 종류

승복

승복은 스님이 입는 옷이다. 법복 또는 법의라고도 한다. 승복에는 가사와 장삼 등이 있다.

겉에 입는 승복이 가사인데 여러 개 천을 직사각형이 되게 붙여서 만든 옷이다. 색깔은 밤색 또는 붉은색이며 종파에 따라 통일된 색을 사용한다. 가사는 왼쪽 어깨에 걸치고 오른쪽 겨드랑이 밑으로 끈으로 매어 입는다. 이 법복은 절에서 의식이 있거나 법회가 있을 때만 갖추어 입는다.

가사는 불교가 시작될 당시에 스님이 버려진 옷을 주워 108조각을 맞추어 옷을 지어 입은 데서 유래했다. 이는 욕심을 버리고, 검소한 생활을 하면서 수행하기 위한 것이었다.

불교가 시작된 인도는 더운 나라여서 가사만으로도 수행에 어려움이 없었다. 그러나 중국과 우리나라에서는 가사 한 가지만으로는 추위를 견딜 수 없었다. 그래서 가사 안에 입는 몇 가지 옷이 생겼다. 가사 바로 안에 입도록 만든 겉옷이 장삼이다.

장삼은 두루마기처럼 길이가 길고 도포처럼 품과 소매가 넓다. 보통 법복이라고 하면 가사와 장삼 두 가지를 말한다. 일을 할 때에는 활동하는 데 편리하도록 소매가 좁고 길이가 장삼보다 짧은 반두루마기 모양의 옷을 받쳐 입었다. 이것을 동방이라 한다. 동방 안에 입는 옷은 한복의 중의, 적삼이나 바지, 저고리와 모양이 같았다.

가사를 제외한 승복은 모두 먹물 빛깔이다. 옛날에는 승복에다 먹물로 물을 들였고, 지금도 그 방법대로 물을 들이기도 한다. 그래서 승복을 먹물옷이라고도 부른다. 먹물 빛깔은 검소해 보이고, 때에 찌들지 않아 수행에 도움이 된다.

우리나라 옷은 오늘에 이르기까지 여러 모양으로 변해 왔다. 그러나 승복만은 삼국시대 모양을 그대로 지니고 있어서 의복 역사를 연구하는 데 좋은 자료가 된다.

동방 일을 하거나 활동하는 데 편리하도록 소매가 좁고 길이가 장삼보다 짧은 반두루마기 모양의 옷

장삼 두루마기처럼 길이가 길고 도포처럼 품과 소매가 넓은 법복

승복

토시

토시는 서양에서 장갑이 전해지기 전에 의복과 함께 착용했다. 모양은 저고리 소매 아랫부분과 비슷하고, 한 끝은 좁고 다른 한 끝은 넓었다. 그 안에 팔을 끼워서 추위를 막았다.

옛날에는 한복 외에 다른 옷이 없었다. 내복이 없던 시대여서 겨울이면 솜놓이옷을 입었다. 이것을 핫옷이라 했다. 그러나 핫옷도 소매가 넓어서 찬바람이 옷 안으로 들어왔다. 찬바람을 막고 팔과 손등을 따습게 하려고 토시를 꼈다. 토시는 나이에 관계없이 꼈지만 주로 노인이 애용하였다.

겹토시도 있지만 대개 솜을 놓아 만들었다. 솜놓이토시에 누비질을 하여 만든 누비토시는 가장 따뜻한 토시였다. 털에 천을 대서 만든 털토시도 있었는데 이는 주로 부유층이 사용했다. 재산이 넉넉한 사람이나 귀족은 고급 털에 호화스런 비단을 대어서 만든 토시를 꼈다.

조선말엽에는 여름에 팔에 끼는 토시가 등장했다. 한더위가 되면 땀이 나서 옷이 젖게 된다. 이것을 막기 위해 등나무로 만든 토시를 팔에 꼈는데 이를 등토시라 했다. 등토시는 등나무 줄기를 베어서 나무껍질을 베끼고 가늘게 쪼개서 정교하게 얽어서 만들었다. 이것은 바람이 잘 통해서 땀을 식힐 수 있었다.

50년 전만 하여도 여름이면 베적삼이나 모시적삼에 등토시를 끼고 나무그늘에서 부채질을 하고 있는 노인을 흔히 볼 수 있었다. 그러나 등토시는 여유 있는 노인만 착용하였다. 그러므로 토시라고 하면 주로 추위막이 토시를 가리켰다.

털토시(겨울용 토시) 고급 털에 호화스런 비단을 대어서 만든 토시

등토시(여름용 토시) 등나무 줄기의 껍질을 벗기고 가늘게 쪼개어서 정교하게 얽어 만든 토시

토시

가구와 생활

서안·경상	반닫이
먹통	사방탁자
벼루	장롱
담배	갓집
등잔	경대
문갑	부채
돈궤	장석·가구모양

서안 書案 · 경상 經床

서안은 선비가 책을 읽거나 글을 쓸 때 사용하던 책상이다.

선비는 앉은 자리 앞에 서안을 두고 그 옆에 벼룻집, 문서를 넣어 두는 문갑, 붓을 꽂아 두는 필통, 두루마리 종이를 꽂는 지통 등을 갖추어 놓고 글을 읽고 썼다.

경상은 서안의 한 종류로 일반 서안보다 무늬가 다양하다. 원래는 절에서 불경을 올려놓던 것이었는데 점차 일반 가정에서 쓰게 되었다. 지체 있는 집에서는 안방에도 서안을 두었다.

경상은 당나라와 송나라 양식을 받아들인 책상이다. 그러나 우리나라 사람의 기호와 생활형편에 맞게 고쳐져 중국 것보다 훨씬 모양이 아름답고 세련된 민속 예술품이 되었다. 특히 경상의 다리 장식과 서랍 장식, 가장자리 꾸밈에 나타난 세공미가 뛰어나다. 책상판 양쪽에 위로 말려 올라간 부분을 덧붙여 놓았는데 이것을 '두루마리 개판'이라 한다. 두루마리 개판이 있어서 물건을 얹어놓기에 안전해 보였다. 절에서 쓰던 것이었으므로 장식으로 새긴 무늬에는 불교적인 것이 많다.

경상을 포함한 서안은 상류 가정 사랑방에 필수적으로 놓이는 가구가 되었고, 주인과 손님의 위치를 가리키기도 하였다. 서안 앞쪽이 주인이며 마주보는 쪽에 앉은 사람이 손님이었다. 주인은 방안 아랫목에 서안을 놓고 그 앞에 방석을 깔고 앉아 손님으로 오는 손아랫사람의 인사를 받고 이야기를 나누었다. 주인보다 웃어른 되는 사람이 오면 주인이 자리를 양보하여 웃어른을 앉게 한 다음 어른 앞에서 절을 하고 문안을 드렸다. 서안이 책을 펴놓고 글을 쓰는 도구 이외의 역할도 했다.

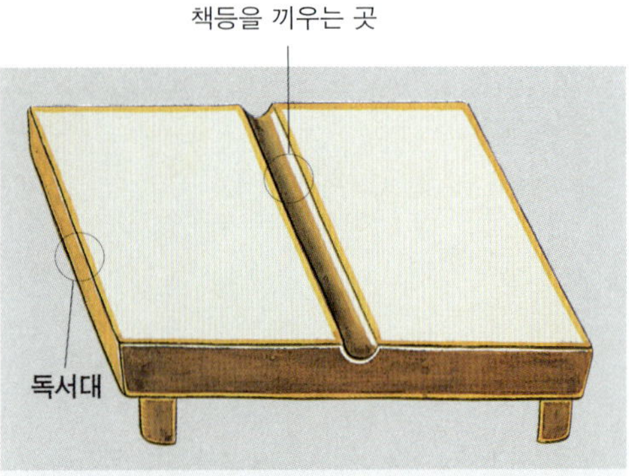

두루마리 개판

서안

책등을 끼우는 곳

독서대

가운데 책등을 끼울 수 있는 서안도 있었다.

경상

서안과 경상

서안의 여러 종류

경상의 여러 종류

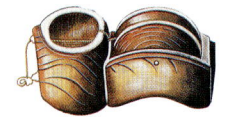
먹통

먹통은 목공이나 석공이 먹줄을 치는 데 쓰는 나무통으로 지금도 쓰이는 도구이다.

목공이나 석공은 나무나 돌을 자르고 다듬을 때 자를 부위에 표시를 해 두려고 먹줄을 친다. 이때 쓰이는 것이 먹통이다. 먹통은 목공이나 석공이 다른 도구와 함께 필수적으로 갖추어야 할 도구이다.

먹통은 모양이 여러 가지지만 어느 것이나 손에 쥐어질 수 있는 크기에 두 개의 작은 그릇이 잇닿도록 만들었다. 한쪽 그릇에는 먹물에 적신 솜을 넣어 두고, 다른 한쪽에는 먹줄을 감아 두는 도르레 바퀴가 있다. 하나는 먹솜그릇이고 다른 하나는 실그릇이다. 먹줄 도르레 바퀴가 있는 실그릇 밖에는 먹줄을 감을 때 돌리는 작은 꼭지마리가 있고, 먹줄 끝에는 조그만 송곳이 달려 있다. 이것을 먹줄꼭지라 한다. 먹솜그릇과 실그릇 사이에는 실이 지나갈 수 있게 일직선으로 작은 구멍을 뚫었다. 먹솜그릇에는 반대쪽에도 구멍이 뚫려 있어서 먹줄이 풀려 나간다.

먹줄은 실그릇에서 풀려나와 먹물그릇을 지나면서 먹물을 묻힌다. 먹줄을 칠 때는 먹줄꼭지를 박아서 먹줄을 고정시켜 놓고 반대쪽에서 먹통을 쥔 채 먹줄을 튕긴다. 숙련공이 아니면 먹줄이 바르지 않다. 먹줄을 칠 때 먹줄꼭지를 박지 않고 사람이 먹줄 끝을 잡아주기도 한다.

먹통에는 먹칼이 있어야 한다. 먹칼은 댓개비(대를 쪼개 가늘게 깎은 오리)의 한끝을 얇고 납작하게 깎고 빗살처럼 잔칼질을 한 것이다. 먹칼은 먹통 먹을 찍어서 나무나 석재에 숫자를 메모하기도 하지만 줄을 칠 때 먹솜그릇을 눌러서 먹줄에 고루 먹물이 묻히도록 한다.

먹통 중에는 거미모양을 본떠 만든 것이 있는데 재미있는 착안이다. 거미가 먹통의 먹줄처럼 꽁무니로 줄을 늘이는 동물이기 때문이다.

"저 사람이 하는 일은 먹줄을 친 듯하다."는 속담이 있다. 이는 어떤 사람이 하는 일이 곧고 한결같음을 칭찬하는 말이다.

먹통

먹통의 여러 종류

가구와 생활 107

벼루

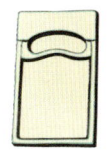

벼루는 붓글씨를 쓸 때 먹을 가는 문방구이다. 옛날에는 펜이나 볼펜이 없었으므로 붓으로만 글씨를 썼다. 그래서 글을 아는 집이라면 집집마다 벼루를 갖추고 있었다. 벼루가 없을 때에는 접시 바닥이나 접시를 엎어 놓고 굽 안쪽에 먹을 갈아 사용하였다.

벼루는 주로 돌로 만든다. 같은 벼룻돌로 만든 벼루라도 돌 생산지에 따라 질이 다르고, 만드는 사람의 솜씨에 따라 모양이 달랐으므로 좋은 돌로 잘 만들어진 벼루는 집안의 보물로 여겨졌다. 평안북도 위원渭原에서 생산되는 위원돌을 최고로 쳤고, 황해도 해주돌·충남 보령의 남포돌을 좋은 돌로 손꼽았다. 많이 쓰이는 재료는 점판암이다. 점판암은 점토가 오랜 세월에 굳어서 된 바위인데 얇게 쪼개지며 색깔이 검다. 점판암을 벼룻돌이라고 부르기도 했다.

이 밖에도 벼루를 만드는 데에는 기와를 만드는 흙으로 구운 것, 질그릇으로 구운 것, 철을 녹여 부어 만든 것, 나무로 만든 것 등 여러 가지 재료가 쓰였다. 드물게는 금벼루·은벼루·옥벼루·유리벼루·수정벼루 등 값진 재료로 만든 벼루도 있었다.

벼루 모양도 여러 가지였다. 보통은 직사각형이지만 둥근 모양·정사각형 등이 있었고 크기도 달랐다. 또 벼루뚜껑 등에 글자나 무늬를 새겨 넣어 예술품의 가치를 지니기도 했다.

벼루에서 벼룻물을 담는 데를 연지硯池라 한다. 먹을 가는 부분을 연당硯堂이라 한다.

벼루와 먹과 붓은 한벌이다. 붓글씨 공부는 벼루에 먹을 가는 자세와 방법에서부터 시작된다. 붓글씨를 잘 쓰려면 좋은 벼루, 좋은 먹, 좋은 붓을 갖추어야 한다. 여기에 벼룻집, 연적 등이 따른다.

우리나라에서는 고대 낙랑시대 유물에서 나온 벼루도 있다. 삼국시대 벼루 중에서는 발이 많이 달린 둥근 벼루가 유명하다. 이것은 검은색 흙으로 구운 벼루이다.

벼루와 벼루 뚜껑에 무늬를 새긴 것은 예술품의 가치를 지녔다.

연당 먹을 가는 부분

벼루뚜껑

연적 벼루에 먹을 갈 때 따로 물을 담아 두는 그릇

벼루

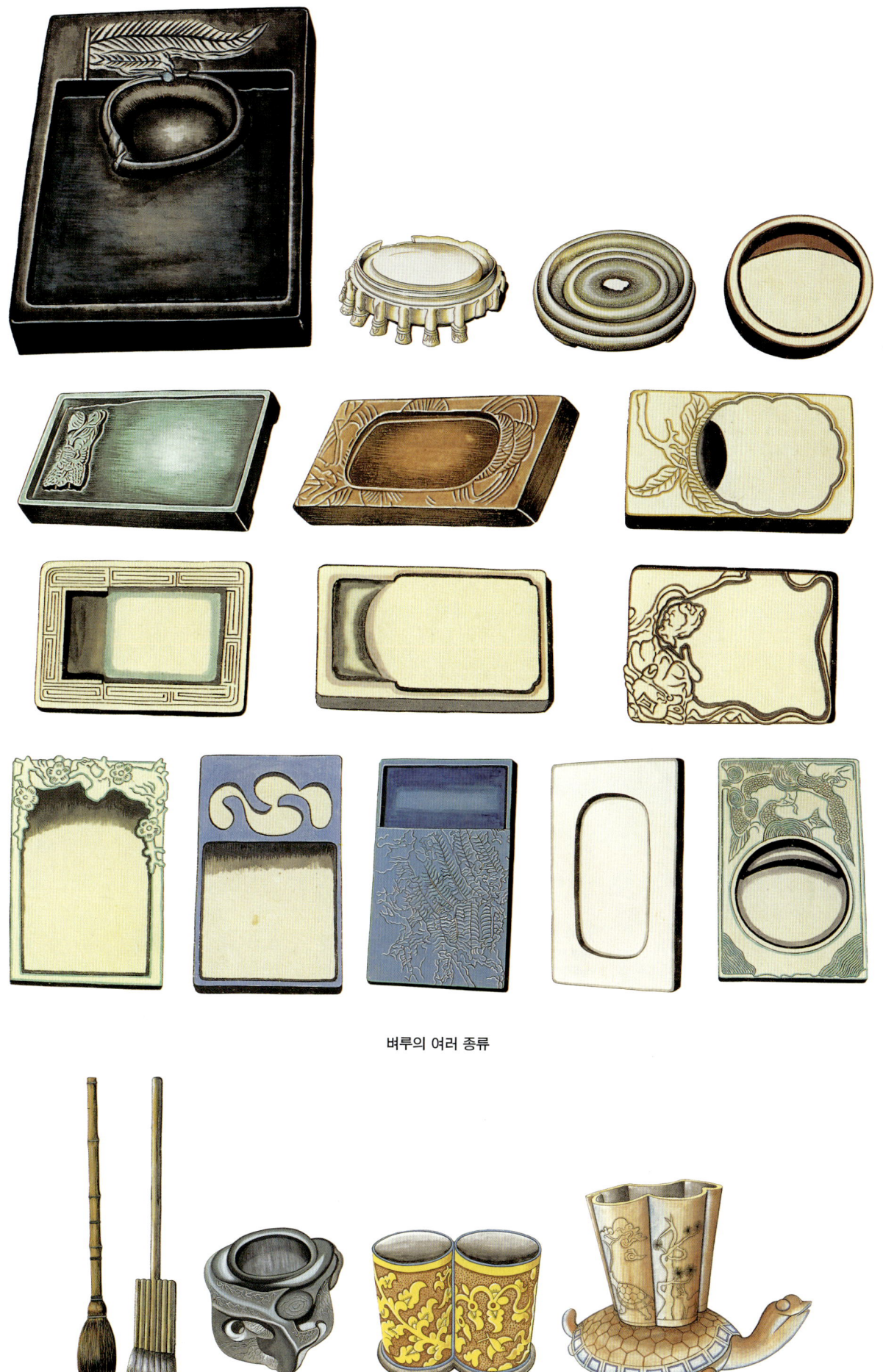

벼루의 여러 종류

붓과 필통 종이, 먹, 붓, 벼루를 문방사우라 한다. 선비가 붓글씨를 잘 쓰려면 좋은 문방사우를 갖추어야 한다.

 담배(담뱃대·담배쌈지·재떨이)

우리나라에는 담배에 딸린 여러 용구가 있었다. 담뱃대·담배쌈지·재떨이·담배합 등이 그것이다.

담뱃대는 대통(대꼬바리)·설대·물부리의 세 부분으로 이어져 있다. 대통은 담배를 담는 작은 통으로 은으로 만든 고급 제품도 있었으나 거의 백동으로 만든 것이었다. 설대는 가는 대나무로 만들어 양끝에 대통과 물부리를 끼웠다. 물부리는 입에 물기에 편하도록 끝이 점점 가늘게 되어 있었다. 물부리는 대통같이 백동으로 만든 것이 대부분이었으나 드물게 옥으로 된 제품도 있었다. 대통과 물부리에 수壽 복福 글자를 상감한 수복놓이 담뱃대도 있었다.

설대가 짧은 것을 곰방대라 하고, 설대가 긴 것을 장죽이라 한다. 장죽은 노인이 지니고, 곰방대는 나무꾼이나 농부가 조끼주머니에 넣거나 허리춤에 끼우고 다녔다. 댓진이 많이 꼈을 때에는 볏짚 이삭줄기를 끊어서 댓진을 후벼 냈다.

담배쌈지는 잎담배와 부싯돌·부시·부싯깃을 넣는 주머니였다. 담배를 넣고 다니는 것에는 몇 가지가 있었다. 귀주머니에 넣어서 차고 다니는 것을 담배주머니라 하고, 지갑처럼 만들어 호주머니에 넣고 다니는 것을 담배쌈지라 했다. 담배쌈지는 가죽이나 베로 만든 것도 있었으나 한지로 만들어 기름을 먹인 것이 대부분이었다. 이런 담배쌈지는 시골 장터에서 상품으로 팔았다.

담배쌈지는 주머니칸을 양쪽에 두어 맞접을 수 있게 만들거나 안쪽에서 두 번쯤 말 수 있게 만들었다. 칸이 두세 개 있어서 큰 칸에는 잎담배를 넣고, 남은 칸에는 부시·부싯돌·부싯깃을 넣었다. 다른 한 칸에는 돈을 넣어서 지갑 겸용으로 썼다. 그래서 당시의 지폐에는 담배 냄새가 풍겼다.

재떨이는 놋쇠제품이 대부분이었고, 사랑방 한가운데 화로와 같이 놓았다. 노인은 대통으로 재떨이를 "땅 땅" 두드려 피운 담뱃재를 털었다. 그 옆에는 담배를 넣어 두고 피우는 담배합이 있었다. 나무로 만든 담배합에는 자개를 박아 예쁘게 만든 것도 있었다.

주머니칸을 양쪽에 두어 맞접을 수 있게 하였다.

담배쌈지

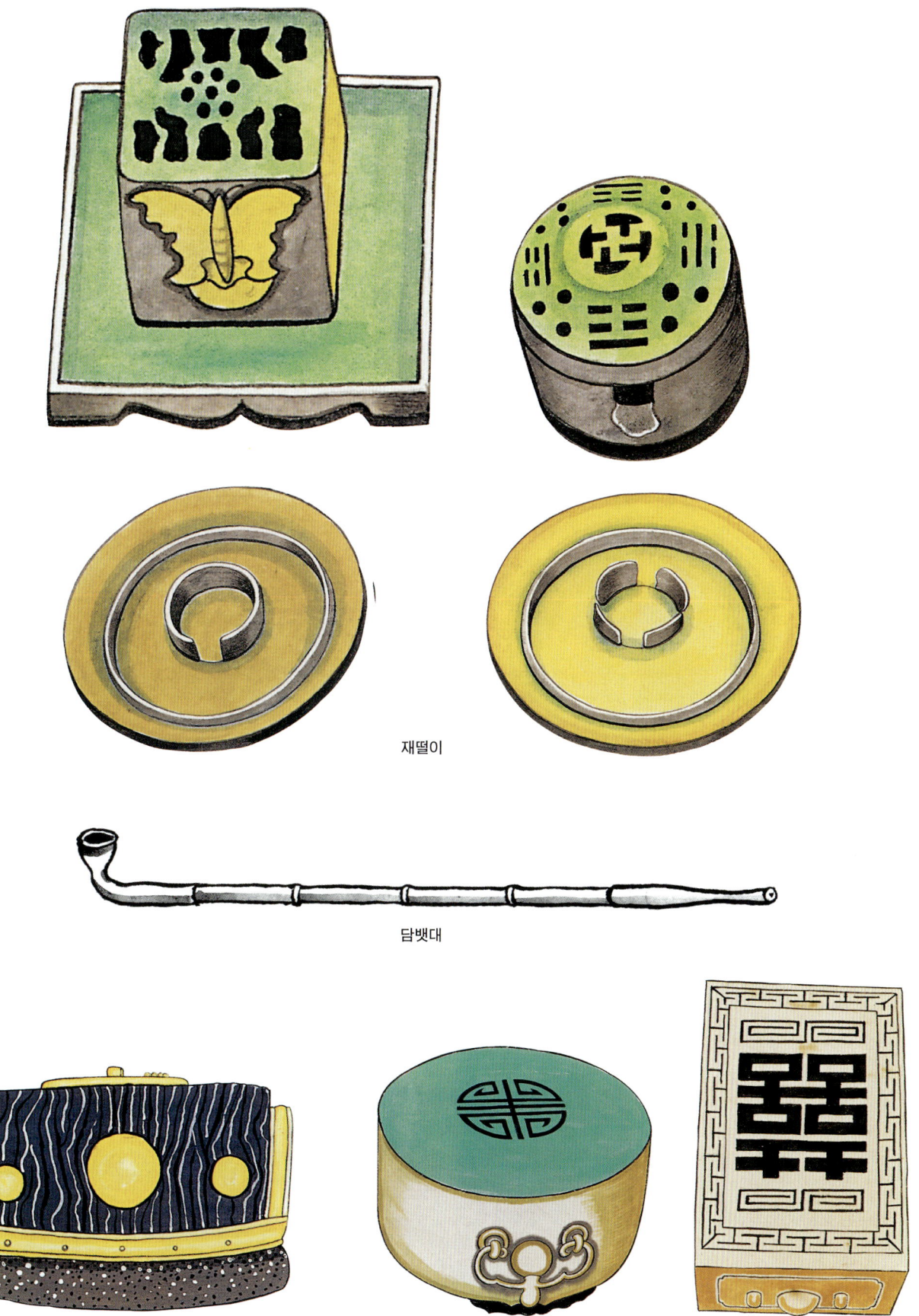

재떨이

담뱃대

부싯돌 지갑   담배합 나무로 만든 담배합에 자개를 박았다.

담배에 딸린 여러 용구

가구와 생활 111

 등잔

전기가 없던 옛날에는 등잔에다 불을 켰다. 일반 가정에서는 작은 접시를 등잔 그릇으로 사용했다. 불을 밝히는 연료로 쓰이는 것은 아주까리(피마자)기름, 들깨기름, 참기름, 산초기름, 목화씨기름 등이었다.

불을 켤 때에는 등잔을 등잔걸이에 얹고 기름을 붓는다. 솜으로 가늘게 비빈 심지를 기름에 담가 기름에 젖게 한 다음 심지 한 끝을 등잔가에 끌어내어 불을 붙인다. 심지를 많이 끌어내면 불이 더 밝다. 그러나 기름이 많이 닳기 때문에 알맞게 조정했다. 심지가 다 타면 불이 가물가물하며 꺼지려 한다. 이때 심지를 등잔가로 끌어올린다. 이것을 '심지를 돋운다'고 했다. 등잔불을 켤 때는 하룻밤 동안 여러 번 심지를 돋우었다.

1876년 이후 일본에서 석유가 들어왔다. 왜국에서 들어왔다 해서 처음에는 석유를 왜기름이라 했다. 왜기름 석유가 등유가 되자 등잔 대신 호롱이 나왔다.

호롱은 대부분 사기로 만들었다. 호롱은 석유를 담는 호롱그릇과 호롱꼭지로 이루어져 있다. 호롱그릇에는 석유를 담고 호롱꼭지에는 헝겊이나 여러 겹의 실로 심지를 만들어 꼭지구멍에 끼웠다. 그런 다음 심지를 석유에 담그고 호롱꼭지에 불을 켰다.

호롱불은 등잔불보다 밝지는 않았으나 성가시지 않고 편리했다. 더러 호롱그릇이 깨지면 헌 잉크병을 대용하기도 했다. 등잔이 호롱으로 바뀌고 나서 등잔걸이 모양도 호롱을 놓기에 알맞게 바뀌었다.

시골에서는 30년 전까지도 호롱불을 켰다. 농촌 어린이는 어두운 호롱불 밑에서 숙제를 했다. 호롱불보다 더 밝은 등불이 필요한 집에서는 남포등을 켰다.

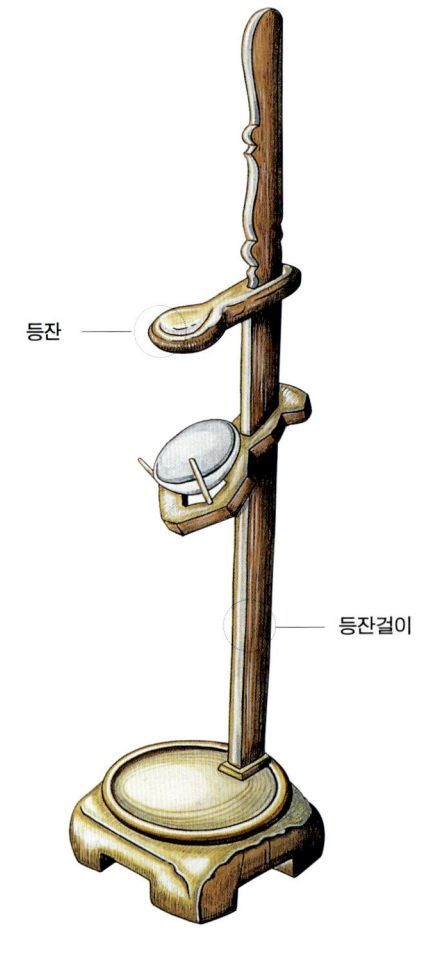

등잔

등잔

문갑

문갑은 집안에서 중요하게 여기는 문서나 특별히 보관해야 할 소중한 물건, 귀중한 책 등을 넣어 두는 나직한 전통 가구이다. 지체 높은 집안이나 선비 집에서는 빠짐없이 문갑을 갖추었다. 재산이 넉넉한 집에서는 방안 장식을 위해 문갑을 갖추기도 하였다. 이러한 가정에서는 실용적인 것보다 화사한 것을 놓아두었다.

문갑은 단층으로 된 것이 많았지만 이층으로 된 것, 삼층으로 된 것 등 모양이 여러 가지였다. 여러 개 작은 빼닫이가 있고, 열고 닫는 문에는 정교하게 만든 손잡이가 달려 있었다.

문갑 재료로는 나뭇결이 고운 오동나무나 회화나무를 많이 썼다. 또 대나무 문갑, 소나무 문갑도 있었고, 고급품으로는 자개를 박을 자개 문갑이 있었다. 먼 나라에서 온 자단나무로 만든 화류 문갑도 있었다. 이러한 고급품에는 거기에 어울리는 장식이 따랐다.

방안에서 문갑이 놓이는 자리는 보통 창문 아래쪽이었다. 넉넉한 집에서는 여기에 같은 문갑을 두세 개 이어 놓기도 하였다.

문갑 위는 주인의 취향이 드러나게 장식했다. 난초 화분이나 매화분을 올려놓거나 값진 도자기 몇 개를 놓았다. 붓을 꽂은 필통을 놓거나 서화용 종이를 말아서 꽂은 지통을 올려놓기도 하였다. 주인이 어떤 화초를 좋아하는지, 무엇을 취미로 삼는지를 오가는 손님이 느끼고 알 수 있게 꾸민 것이다. 이처럼 문갑은 안에다 소중한 것을 보관하는 역할 외에 물건을 올려놓는 받침대의 기능도 했다.

문갑에는 사랑방용과 안방용이 있었다. 안방용 문갑은 짜임과 모양이 섬세하고 꾸밈이 많았다. 여성이 이런 것에 관심이 있기 때문이었다. 사랑방용 문갑은 수수하고 묵직한 분위기를 띤 것이 대부분이었다.

문갑에 새겨진 무늬 문갑에 새긴 무늬는 주로 꽃이나 나무, 사슴, 물고기, 봉황 등이 있었다.

문갑 속에는 특별히 보관해야 할 문서나 소중한 물건, 귀중한 책 등을 넣어 두었다.

문갑

문갑

문갑에 새겨진 무늬

돈궤 (엽전궤)

쇠로 된 금고가 없던 옛날에는 돈을 보관하기 위해 나무로 만든 돈궤를 사용하였다. 그 밖에 중요한 문서나 집안에서 보물로 여기는 물건, 패물 등을 갈무리하기도 하였다. 특히 지폐가 생긴 뒤로는 지폐나 금은, 보석류, 땅문서 등을 보관하였다. 크기는 일정하지 않으나 집주인이 곁에 두고, 들어서 움직일 수 있는 무게와 부피였다.

돈궤는 단단한 나무로 짜고, 놋쇠로 된 장석을 모서리마다 박고, 튼튼한 자물쇠를 채워 두어 보기에도 단단하고 귀해 보였다.

돈궤 자물쇠는 식구에게도 함부로 돌리지 않고 주인이 지니고 다녔다. 그리고 때때로 돈궤를 열어서 간수한 것이 제대로 있는지 확인하였다.

그러나 엽전을 쓰던 아주 옛날에는 돈의 부피가 엄청나서 부피가 작은 돈궤에 돈을 보관하지 못했다. 엽전은 한 닢만 해도 오늘의 돈전보다 부피와 무게가 더 나갔다. 힘센 사람도 엽전 백 냥을 질 수 없었다. 그래서 많은 돈은 소에 싣고 다녔고, 적은 돈은 전대에 넣어 허리에 두르고 다녔다. 돈 대신에 어음이 쓰이기도 했다.

엽전 한 닢을 한 푼이라 했다. 열 닢이 한 돈이다. 엽전 두 돈 두 푼이라면 엽전 스물 두 닢이었다. 이것만 해도 적은 무게, 적은 부피가 아니었다. 열 돈이 한 냥, 엽전 한 냥이 백 닢이었다. 이것은 제법 많은 양이었다. 다섯 냥 일곱 돈 네 푼이라면 엽전 오백 일흔 네 개이다. 엽전 열 냥의 부피만 해도 아주 많았다. 그래서 부잣집에는 엽전궤가 따로 있었다.

엽전궤는 두께가 있는 튼튼한 판자로 만들었는데 옆으로는 길이가 한 발, 높이가 반 발 정도 되는 직사각형 나무궤였다. 철로 된 장석을 둘러 박고 큰 자물통을 달았다. 엽전에는 한가운데에 네모진 엽전 구멍이 있다. 여기를 돈 끈으로 백 닢 한 냥씩 꿰어서 꿰미를 만들어 엽전궤 안에 차곡차곡 넣어 두었다. 이것을 돈꿰미 또는 엽전꿰미라 했다.

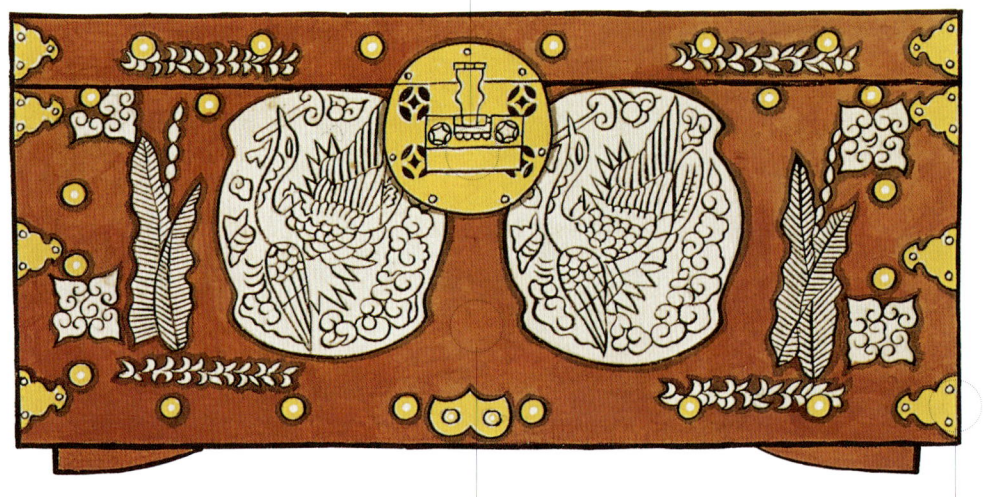

자물쇠는 주인이 직접 지니고 다녔다.

놋쇠로 만든 장석

중요한 문서나 패물 등을 보관하던 돈궤는 보기에도 튼튼하고 귀해 보였다.

돈궤

돈궤

돈궤

반닫이

반닫이는 가구로 쓰는 나무궤이다. 옷이나 옷감을 넣기도 하였지만 주로 여자가 지니는 귀중품이나 살림에 필요한 용구를 넣어 두었다. 잔치에 필요한 여분의 그릇이나 제기를 보관하기도 했다.

대개 앞면 위쪽 반을 문짝으로 하여 아래로 잦혀 여닫기 때문에 반닫이라고 불렀다. 그러나 드물게는 위판 절반을 여닫는 문으로 만든 반닫이도 있었다.

반닫이는 생산 지방에 따라 모양과 특색이 달랐다. 장롱처럼 섬세하게 만든 것이 있었는데 놋쇠 장석을 박고, 붉은색 주칠을 하고, 글자 무늬를 새겨 넣었다. 자개를 박은 고급품은 윗판 가장자리가 경상처럼 약간 말아 올라가 있었다. 윗판에 물건을 올려놓기 좋게 꾸민 것이다. 위쪽에 서너 개의 작은 빼닫이를 만들고, 그 아래에 문을 두어 문갑 겸용으로 쓰도록 만든 것도 있었다.

그러나 대개는 참나무나 느티나무 같이 튼튼한 널빤지를 켜서 만들고, 무쇠장석을 여러 개 박아 수수하고 듬직한 무게를 지니게 만들었다.

이 중에서도 평안도 박천 반닫이가 명품으로 손꼽혔다. 박천 반닫이는 다른 지방보다 장석을 많이 붙였고, 좋은 목재로 만들었다.

반닫이는 안방 윗목에 장롱과 나란히 놓았다. 반닫이 위에 꽃이불을 단정하게 개어서 얹어 두면 집안 분위기가 화사해졌다.

지방에 따라서는 딸을 시집보낼 때 장롱과 함께 반닫이를 예물로 보내기도 하였다. 넉넉한 집안에서는 목공을 집으로 불러 반닫이를 직접 짜서 신행 가는 딸과 함께 보냈다. 시집간 딸은 부모가 공들여서 만들어 보낸 반닫이를 부모님 보듯이 하며 아껴 썼다고 한다.

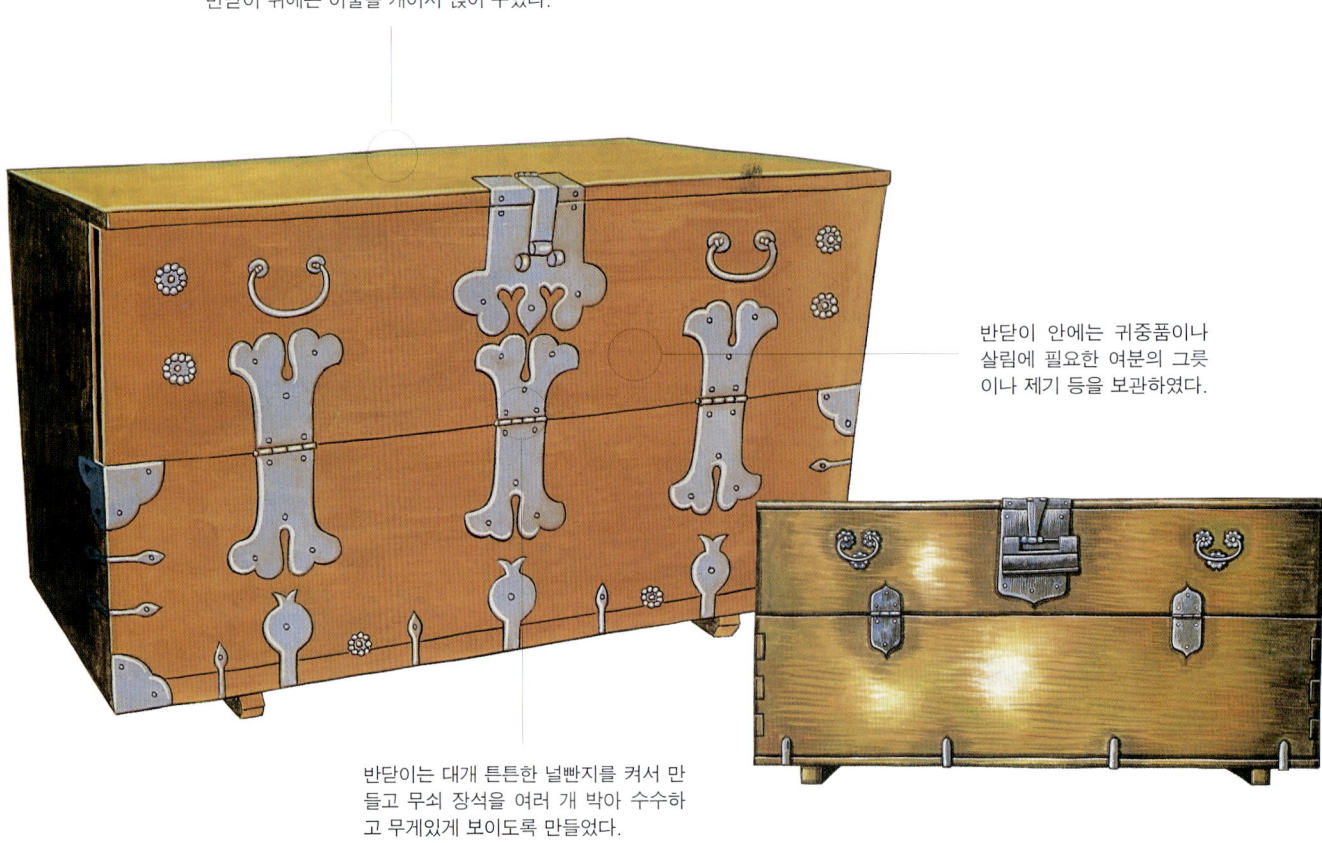

반닫이 위에는 이불을 개어서 얹어 두었다.

반닫이 안에는 귀중품이나 살림에 필요한 여분의 그릇이나 제기 등을 보관하였다.

반닫이는 대개 튼튼한 널빤지를 켜서 만들고 무쇠 장석을 여러 개 박아 수수하고 무게있게 보이도록 만들었다.

반닫이

위쪽에 서너 개의 작은 빼닫이를 달아 문갑 겸용으로 사용했다.

반닫이의 여러 종류

 # 사방탁자

사방탁자는 책꽂이나 서가 노릇을 하는 가구이다. 선비 방에는 필수적으로 사방탁자가 놓였다. 선반 네 층에 네모반듯한 널빤지로 판을 짜서 얹고, 장을 한 층 곁들인 탁자로 사방이 트이게 만들었기 때문에 사방탁자라고 불렀다.

뼈대는 가늘면서도 튼튼해야 했기 때문에 질이 강한 배나무나 참나무를 쓰고, 판자는 가벼운 오동나무나 소나무를 썼다. 아래층 장은 문갑을 만드는 재료인 먹감나무나 느티나무로 만들었다.

장이란 농장·옷장·찬장처럼 물건을 넣어 두는 나무 상자를 말한다. 장은 물건을 탁자 선반에 얹기만 하는 것이 아니라 상자에 넣어서 갈무리하기 위해 붙여 두었다. 장은 양옆과 뒤가 막혀 있고, 앞쪽에 여닫이문 두 쪽을 달았다. 여기에 놋쇠장석을 박고 놋쇠 돌쩌귀를 박았다. 놋쇠 문고리도 달려 있어서 자물쇠를 채울 수 있었다. 여닫이 위에는 예쁜 손잡이가 달린 작은 빼닫이 두 개를 두었다.

선반에는 주로 책을 얹지만 과일이나 과자를 담아서 얹어 두기도 하고, 도자기나 작은 화분을 얹어 방안을 꾸미기도 했다. 그래서 책만 얹어 두는 사방탁자를 특별히 책탁자라 하였다.

사방탁자 중에는 삼층으로 나직하게 만들고 아래층에 장을 둔 것도 있었다. 장을 맨 아래층에 두지 않고 이층에 만들어 둔 것도 있었다.

사방탁자는 선비의 취향이 배어 있는 가구이므로 문인화에 자주 등장했다. 문인화는 선비들이 여가에 그린 그림으로 생활 주변의 필통·경상·탁자·붓걸이·벼루·난초분·매화분 등이 소재였다.

선비들은 친구를 불러 책탁자에 놓인 책을 소개하고, 읽은 감상을 이야기하며 즐겼다.

사방이 틔여 있는 각 층에는 책이나 과일 바구니, 도자기, 화분 등을 얹어 두었다.

장을 이층에 두지 않고 아래층에 만든 것도 있었다.

사방탁자

사방탁자

장롱

장롱은 옷을 넣어 두는 대표적인 안방 가구이다. 지금은 한 가지 가구를 가리키는 말로 쓰이지만 원래는 장과 농이 다른 종류의 가구였다. 장에는 단층으로 된 머릿장이 있고, 이층장·삼층장이 있다. 시대가 변하면서 이층장이나 삼층장을 장롱으로 부르게 되었다.

머릿장은 머리맡에 놓아두고 자주 쓰는 작은 물건을 넣어 두는 가구이다. 단층으로 되어 있고 부피가 작다. 이층장·삼층장은 주로 옷을 넣어 두는 가구이다. 삼층장은 손을 뻗힌 높이 정도였다. 아래쪽에는 공기가 드나들 수 있게 네 개의 다리를 붙여 놓았다. 의걸이장에는 옷을 거는 횃대가 있어서 두루마기나 도포같이 길이가 긴 옷을 걸어 두었다. 이불장은 이불과 베개 등을 포개어 두는 가구이다. 이 밖에 버선을 넣어 두는 버선장, 수를 놓는 수실과 바느질실을 넣어 두는 실장, 의복에 놓은 솜을 넣어 두는 솜장이 있다. 버선장과 실장, 솜장은 대개 이층으로 구성되고, 작고 아기자기한 가구이다.

농은 한 층 한 층 따로 된 것을 포개어 놓을 수 있는 가구이다. 대개 삼층장보다는 작으며 몸체를 포개면 하나로 이어졌다. 위에 몸체보다 약간 넓게 지붕이 씌워져 있는 점이 장과는 달랐다. 농에도 이층농, 삼층농이 있었다. 아래쪽에는 공기가 잘 드나들게 따로 다리가 있는 받침을 만들어 놓았는데 이것을 농다리라 한다. 이와 같이 장과 농은 모양이 비슷하고 쓰임이 같다.

장롱의 재료로는 오동나무가 많이 쓰였는데 가볍고 뒤틀리지 않기 때문이었다. 오동나무로 만든 장롱을 특히 '오동장롱'이라 하여 귀하게 여겼다. 이러한 고급가구에는 놋쇠나 백동으로 된 장석을 붙였다. 광채가 나는 자개로 무늬를 놓은 자개농은 비싼 값으로 팔렸고, 화초장은 화초무늬를 넣은 장롱으로 뛰어난 목공예품이었다.

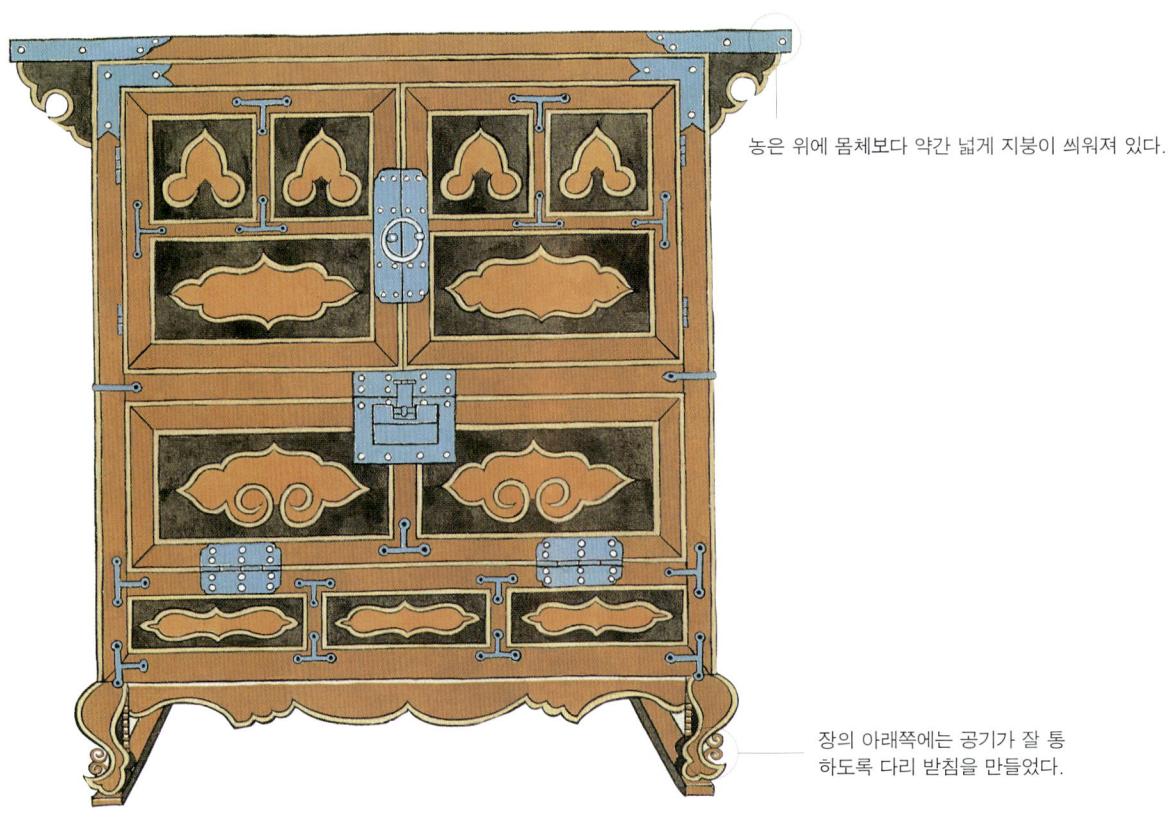

농은 위에 몸체보다 약간 넓게 지붕이 씌워져 있다.

장의 아래쪽에는 공기가 잘 통하도록 다리 받침을 만들었다.

장롱

머릿장

이층장

삼층장 삼층장에 붓글씨로 멋을 더하였다.

가구와 생활

 갓집

갓집은 갓을 넣어 두는 상자이다. 갓은 남자 의관으로 모임이나 잔치에서 반드시 써야 했으므로 중하게 여겼다. 그래서 갓을 보관하는 갓집이 필요했다.

갓집은 가는 대오리를 굽혀서 뼈대를 만들고 그 위에 한지를 발라서 만든다. 보통 여덟모(팔각형) 모양이지만 둥근 것과 공예품으로 만든 것도 있다. 갓집은 갓 크기와 모양에 맞추어야 하므로 아래쪽 지름을 45센티, 위쪽 지름을 25센티쯤 크기로 하고, 높이가 30센티쯤 되게 하였다.

대오리를 굽힐 때에는 불에 가까이 대거나 뜨거운 물을 이용하였다. 작은 윗부분 뼈대와 큰 아랫부분 뼈대 모서리를 대오리로 이어서 만들고, 아래쪽에 갓을 넣고 꺼낼 수 있도록 문을 두었다. 대나무 뼈대에 한지를 바르고 들기름을 먹이면 오래도록 보전되었다. 위로 솟은 갓의 총모자 부분이 잘 드러나도록 이 층으로 만든 갓집도 있었다. 갓집은 주로 집에서 만들어 사용했지만 갓을 만드는 곳에서 만들어 팔기도 했다.

갓집을 달아 두는 곳은 사랑방 천장이었다. 갓집 아랫면에는 팔괘八卦를 모서리에 맞추어 그려놓았다. 팔괘는 건乾, 태兌, 이離, 진震, 손巽, 감坎, 간艮 곤坤의 여덟 개 기호인데 우주 순환과 존재 원리를 표현한 것이다. 더러는 그 한가운데 태극을 그려 놓기도 했다. 글 잘하는 어른은 사랑방에 글방을 차리고 훈장이 되어 어린이를 가르쳤다. 거기에도 갓집을 달아 놓았다.

"얘들아, 저기 갓집에 그려 놓은 팔괘 중 건·곤·감·리, 네 괘와 태극이 우리 깃발이다." 태극기를 그리면 잡혀가던 일제시대 때에는 갓집을 쳐다보며 태극기를 공부하였다.

갓집 안에는 갓을 넣어 두었다.

갓집은 사랑방 천장에 달아 두었다. 갓집 밑에는 여러가지 무늬를 그려 넣었다.

갓집

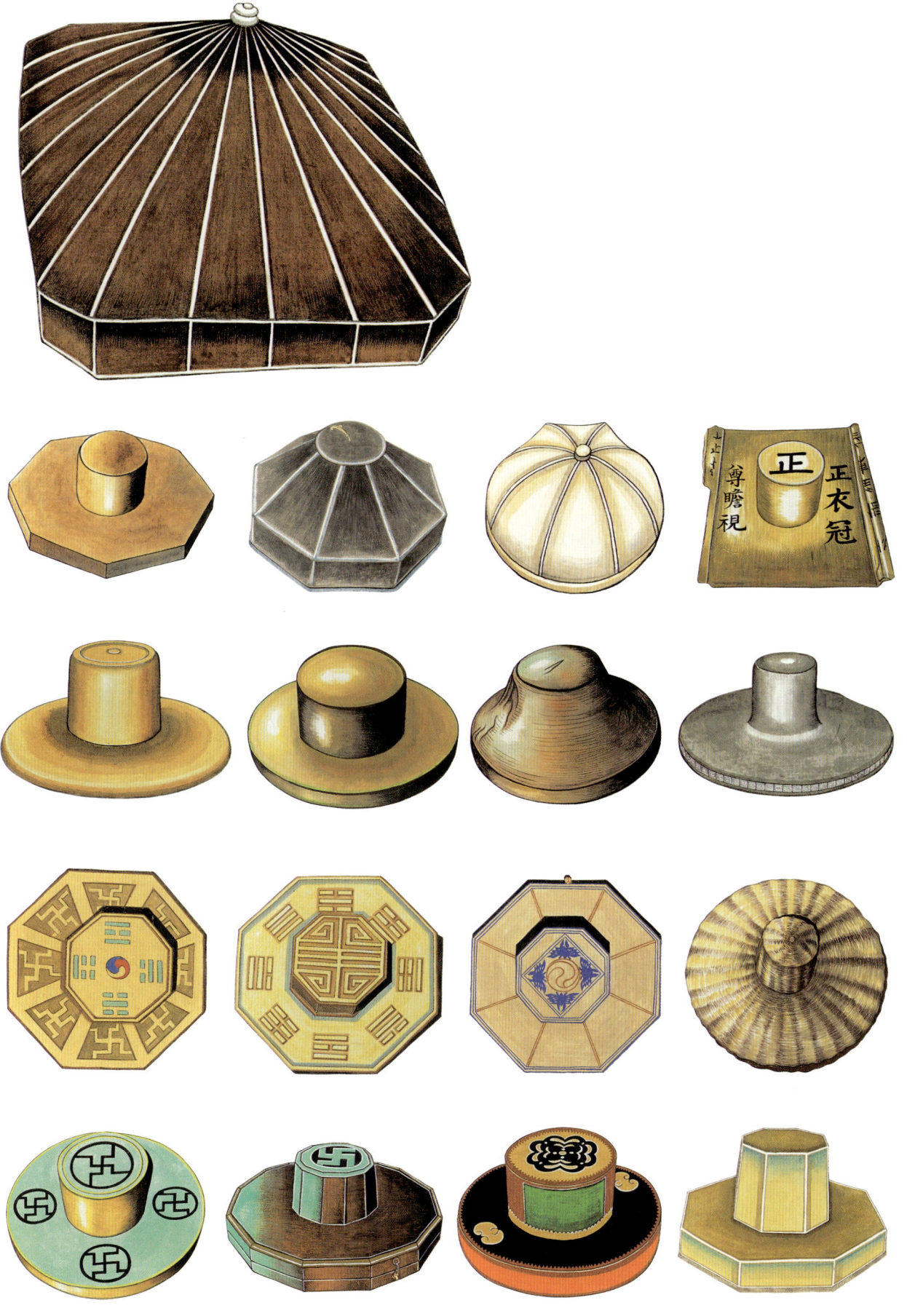

갓집의 여러 종류

경대

경대는 거울이 장치된 화장대이다. 좌경이라고도 하였다.

옛날의 경대는 오늘의 경대와는 모양이 달랐다. 거울에 두 개의 기둥과 발을 달아 거울 면을 조종하게 만든 것도 있었지만 화장품 통에 거울을 접어 넣는 것이 많았다. 이런 경대는 겉보기에 직사각형으로 된 상자처럼 보이고 뚜껑을 열면 거울이 있었다. 거울은 테가 있는 액자 모양이며 경대 몸체에 붙어 있어 눕혔다 일으켰다 할 수 있었다. 경대 뚜껑은 거울을 세울 때 뒤를 받쳐 주는 일을 했다. 부녀자가 화장을 할 때는 경대 뚜껑을 열고 거울을 일으켜 경대 뚜껑을 받쳐 비스듬히 세운 다음 얼굴을 비추어 보았다. 거울을 눕혀 두는 아래쪽에는 서랍이 한두 층 있었는데 그 안에 빗·빗치개·비녀 등 화장 도구와 분·연지 등 화장품이 들어 있었다. 경대는 여자 용품이었으므로 뚜껑과 장석, 손잡이고리 등에 꾸밈이 많았고, 자개를 박은 경대도 있었다.

빗에는 빗살이 성긴 얼레빗과 빗살이 촘촘한 참빗이 있었다. 빗치개는 빗살 틈에 낀 때를 빼거나 가르마를 타는 데 쓰는 도구이다. 비녀는 부인의 쪽머리가 풀어지지 않도록 꽂는 장신구로서 은비녀·옥비녀·금비녀가 있었다. 이중 은비녀를 꽂는 부인이 많았다.

여자가 얼굴을 다듬을 때 반드시 지녀야 할 용구로 거울이 있었다. 아주 옛날에는 구리거울을 만들어 썼고 유리로 거울을 만든 뒤로 경대가 생겨났다. 경대는 귀중품이어서 넉넉한 가정에서만 지니고 있었다. 생활이 넉넉한 가정의 부인들은 처녀 때부터 경대를 따로 가지고 있어서 결혼 뒤에 그것을 지니고 가서 쓰거나 결혼 때 친정에서 혼수에 끼워서 마련해 주는 것을 썼다. 얼굴을 비추어 보는 작은 거울을 면경面鏡이라 하였는데 일반 서민은 이것을 많이 사용했다. 가난한 집 아가씨는 그릇에 물을 떠놓고 물그림자를 보고 얼굴을 다듬었다고 한다.

화장을 할 때에는 거울을 뚜껑에 받쳐 비스듬히 세워 놓고 썼다.

아래에는 빗·빗치개·비녀· 분·연지 등을 넣어 두었다.

경대는 몸을 꾸밀 때 쓰는 물건인 만큼 뚜껑과 장석 손잡이고리 등에 장식이 많았다.

경대

경대의 여러 종류

 부채

부채는 바람을 일으켜 더위를 쫓거나 불을 일으킬 목적으로 손에 들고 흔드는 도구이다. 보통 가는 대오리를 살로 하고, 종이 또는 헝겊을 발라서 만든다. 그러나 새 꽁지깃이나 갈대를 재료로 만든 부채도 있다.

쥐고 접었다 폈다 할 수 있는 것을 쥘부채 또는 합죽선이라 한다. 대나무의 단단한 부분인 겉대를 얇게 깎은 살을 붙여서 만드는 쥘부채에는 여러 종류가 있다. 쥘부채 가장자리 댓살은 두꺼운 겉대를 사용한다. 여기를 달군 쇠로 지져서 반점무늬를 만든 것을 반죽부채, 또는 반죽선扇이라 한다. 마디 있는 대나무를 가장자리 살로 한 것을 죽절선竹節扇, 파초잎 꼴로 만든 것을 파초선, 꽃무늬가 있는 부채를 화문선, 태극이 그려진 것을 태극선, 그림이 있는 부채를 도화선, 갈대를 쪼개어 엮어 만든 부채를 갈선, 햇빛 가리개용으로 만든 크고 둥근 부채를 대륜선大輪扇, 공작꼬리로 만든 것을 공작선, 진주 등으로 장식한 것을 진주선이라 한다.

댓살을 둥글게 펴놓고 종이를 바른 다음 나무 손잡이를 단 것을 자루부채 또는 단선團扇이라 한다. 태극선이 그중의 하나이다. 자루부채에도 여러 종류가 있다. 부채는 만드는 방법이나 재료, 모양과 쓰임새, 그 안에 그려 놓은 무늬나 그림 등에 따라 이름이 붙여진다.

부채는 더위를 쫓는 데에 쓰였으나 차츰 의례용이나 장식용, 햇빛가리개, 얼굴가리개로 쓰이게 되었고, 예술품으로 발달하였다. 부채를 예술품으로 발전시킨 것은 문인과 화가였다. 문인은 부채에 시 구절을 쓰고, 화가는 그림을 그렸다. 이것은 한국 미술의 한 갈래가 되었다.

전통 혼례에서는 부채를 신랑 신부의 얼굴 가리개로 쓴다. 부채를 들고 동작을 표현하는 부채춤은 세계에서 찬사를 받는 우리 전통무용이다. 무속에서는 무당이 부채를 들고 굿을 한다.

부채는 대나무와 한지가 재료이므로 대나무가 잘 자라고 한지가 나는 남쪽 지방에서 주로 생산되었다. 특히 전주와 전남 남평·나주 등지가 부채 고장으로 유명하다.

쥘부채 접었다 폈다 할 수 있는 부채. 합죽선이라고도 한다.

대륜선 주로 햇볕 가리개로 쓰던 부채. 부채를 펴면 360°로 펼쳐져서 원을 이룬다.

부채

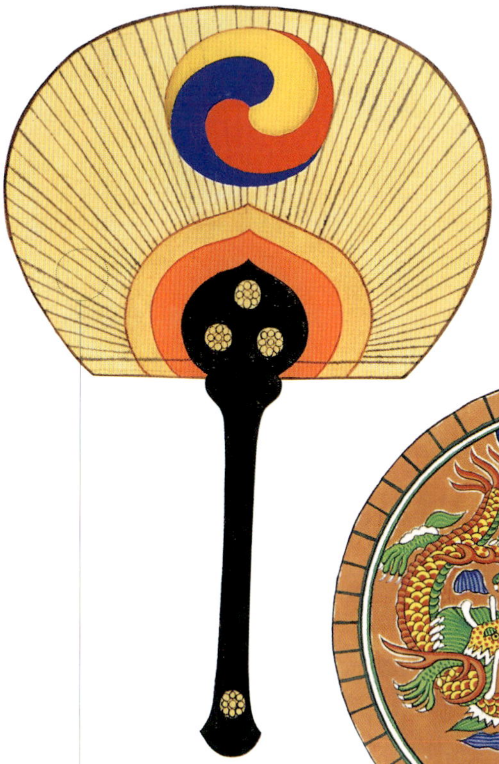

단선 댓살을 둥그렇게 펴놓고 종이를 바른 다음 나무 손잡이를 단 부채. 자루부채라고도 한다. 태극이 그려진 태극선이기도 하다.

사선 얇은 비단으로 만든 부채로 벼슬아치가 바람과 먼지를 막거나 얼굴을 가리는 데 사용했다.

용선 임금을 상징하는 용 무늬를 그려 넣은 부채. 국가 행사 때나 부대가 행진할 때 이 부채를 들었다.

대륜선의 여러 종류

단선의 여러 종류

합죽선(쥘부채)의 여러 종류

진주선(진주부채)의 여러 종류

용선

사선

장석・가구문양

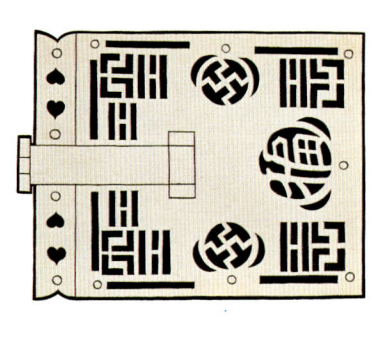

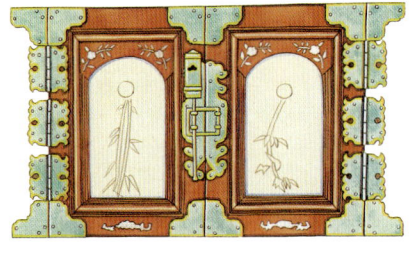

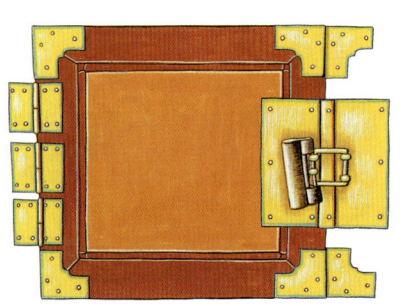

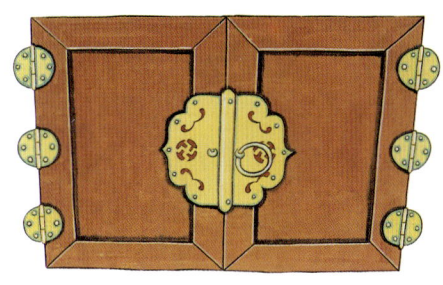

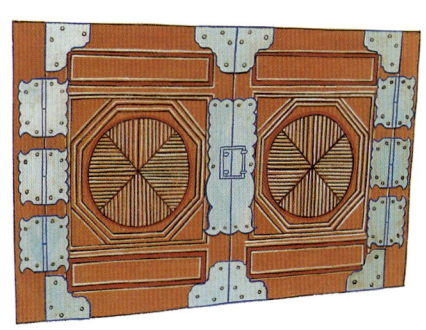

가구와 생활

군사장비와 형구

갑옷
군악복
사령선
사명기
무기
투구
형구

 # 갑옷

갑옷은 전쟁터에서 적의 화살이나 창칼을 막기 위해서 입던 옷이다.

미늘을 잇대어 만든 갑옷을 용린갑龍鱗甲이라 한다. 용 비늘처럼 미늘을 촘촘히 단 갑옷이라는 뜻이다. 쇄자갑鎖子甲이라는 갑옷은 돼지가죽으로 된 미늘을 작은 쇠고리로 꿰어서 만든 갑옷이다. 쇠고리를 가로 세로로 이어서 메리야스처럼 만든 것을 연환갑連環甲이라 한다. 이 갑옷은 뜻밖에 있을 적의 습격에 대비해서 평상복 안에 껴입었다. 이 밖에도 여러 가지 갑옷이 있었는데 재료와 모양에 따라 이름이 달랐다.

고구려 옛무덤에 나타난 갑옷은 윗도리 아랫도리가 따로 있고, 아래 윗도리에 쇠미늘이 촘촘히 달려 있다. 윗도리 갑옷은 갑옷깃을 세워서 목을 감싸고, 소매가 손목까지 오는 것, 팔꿈치까지 오는 것이 있었으며 소매가 없는 갑옷도 있었다. 길이는 엉덩이가 덮일 정도였다. 아랫도리는 복사뼈가 덮일 정도의 길이였다. 그래서 적군의 화살과 창칼이 어느 곳도 뚫지 못하게 만들었다. 갑옷 허리에는 띠를 매어 날쌔고 재빠른 모습이 돋보이게 하였고, 말에도 갑옷을 입혔다.

신라와 가야 갑옷은 투구와 함께 실물이 출토되었다. 모양은 차이가 있으나 모두 쇳조각을 이어서 정교하게 만들었다.

고려시대 갑옷은 쇠나 검은 가죽으로 만들었다. 장군 것은 바탕을 비단으로 하고 오색 꽃무늬로 장식을 하고 허리에 띠를 맸다.

조선시대 장군이 입었던 용린갑은 다홍색 비단을 바탕으로 하고, 구리에 도금한 미늘을 어깨받이, 가슴받이에 촘촘히 달고, 소매 끝 무릎받이에 장식 못을 줄을 세워 박았다. 갑옷 가장자리에는 털이 달린 가죽을 대고 양어깨에는 사자를 만들어 계급장처럼 달았다.

갑옷은 화포가 생기면서 차츰 쓰임이 달라지다가 조선말엽에 군대가 현대화하면서 쓰이지 않게 되었다.

튼튼한 쇳조각을 잇거나 쇠나 가죽으로 된 미늘을 촘촘히 달았다.

갑옷

쇠자갑 철사를 둥글게 만들어 서로 꿰어 만든 갑옷

갑옷

군악복

군대의 질서를 유지하고 전쟁을 수행하려면 제복이 필요하다. 군인이 입는 제복을 군복이라 한다.

우리나라에서는 질서 있는 군인을 기르기 위해서 멋있는 군복을 입게 하였다.

조선시대의 무관은 답호 위에 동달이나 철릭을 입고 머리에 준모를 쓴 다음 그 위에 전립을 썼다. 전립은 벙거지라고도 하는데 무관의 정모였다.

답호는 소매와 앞섶이 없고 뒷솔기 허리 아래가 터졌으며 조끼 모양으로 된 긴 옷이다.

동달이는 붉은 소매를 단 검은 두루마기에 붉은 안을 받치고 뒷솔기를 길게 터서 지은 군복이다.

철릭은 허리에 주름이 잡히고 큰 소매가 달려 있는 무관복이다.

이러한 무관복은 지위에 따라 모양과 빛깔이 달랐다. 이러한 무관복에는 목화라는 신을 받쳐 신었다.

졸병의 복장은 무관이라 불리는 지휘관과는 달랐다. 답호와 비슷한 모양을 한 쾌자(快子)를 입었는데 검은 빛깔의 옷이었다. 웃옷으로는 소매가 좁은 단수착갑저고리와 사을갑 등의 저고리를 입었다.

임금의 행차나 군대의 행진에 군악대가 앞장을 섰다. 군악대 병사들의 복장은 군복과 비슷한 차림이었다.

궁궐문과 4개의 성문에는 문을 지키는 수문장이 있었다.

경복궁에서는 궁궐을 방문하는 관광객을 위해 장엄한 수문장 교대 의식을 옛날 그대로 행하고 있다. 이때는 옛날 군사와 군악대의 복장을 볼 수 있고, 옛 군악대의 취주악을 들을 수 있다.

궁중 무용의 하나로 네 사람의 무희가 두 손에 칼을 들고 추는 춤이 있다. 이를 검무 또는 칼춤이라 하는데, 무희들은 전립에 군복 차림을 한다.

지휘봉

집사복 군악대를 지휘하던 악장의 복장

군악복

검무복 무희가 검무라는 춤을 출 때 입던 복장

군악복

 사령선

옛날에는 바다로 침노하는 외적을 막는 군사를 수군이라 하였다. 삼국시대부터 바다에서 싸우는 군사가 있었지만 수군이라는 이름이 생긴 것은 고려 공민왕 때부터이다. 수군은 배를 몰아서 외적을 쳐부순다. 여러 척의 싸움배를 거느린 수군 집단을 함대라 하고, 수군대장을 절도사라 하였다. 절도사는 수군을 지휘하는 총사령관이라는 뜻이다. 수군절도사가 타는 배는 특별히 크게 만들어 갑판 위에 높다란 다락을 만들었다. 이를 사령대라 불렀다.

사령대는 총사령관인 수군대장이 높다란 데서 적의 형편을 살피고, 싸움을 지휘하는 지휘탑이다. 적선이 나타나면 사령대에서 북을 울려 전진과 공격을 지휘하였다.

대장이 타고 있는 사령선에는 장수 '수帥'자를 쓴 커다란 깃발을 내걸어 수군절도사가 탄 배라는 것을 알리고 지휘본부의 위용을 과시했다. 또 용을 그린 깃발을 곁들여 달고, 무서운 귀신 머리를 배 앞머리에 그렸으며 두 개의 돛을 올리고 커다란 닻을 지녔다. 사령선은 수많은 배를 거느렸다.

기록에 의하면 싸움배의 길이는 12미터이고, 높이는 2미터 50센티미터 정도였으며 위에는 나무판자를 깔아 갑판을 만들었다고 한다. 싸움배에 타는 사람 수는 일정하지 않았으나 대개 36명 정도였다. 지휘관이 1명, 총이나 활을 쏘는 병사가 10명, 화포를 쏘는 군사가 10명, 키잡이 1명, 노를 젓는 병사가 14명이었다.

이순신 장군이 임진왜란 때 설계하여 빛나는 전과를 올린 거북선은 갑판을 거북 등처럼 만들어 덮은 철갑선이다. 철갑선은 적의 총알과 포탄이 뚫지 못하였다 한다. 싸움을 벌일 때에는 많은 배가 한꺼번에 학 날개처럼 적선을 에워싸고 공격하였는데 이를 학익진법이라 한다. 이때 거북선이 앞장서면 많은 싸움배가 한꺼번에 불화살과 총과 화포를 쏘아 적선을 바다 속에 격침시켰다.

사령선

부선기 ─

부선 사령선 다음 배

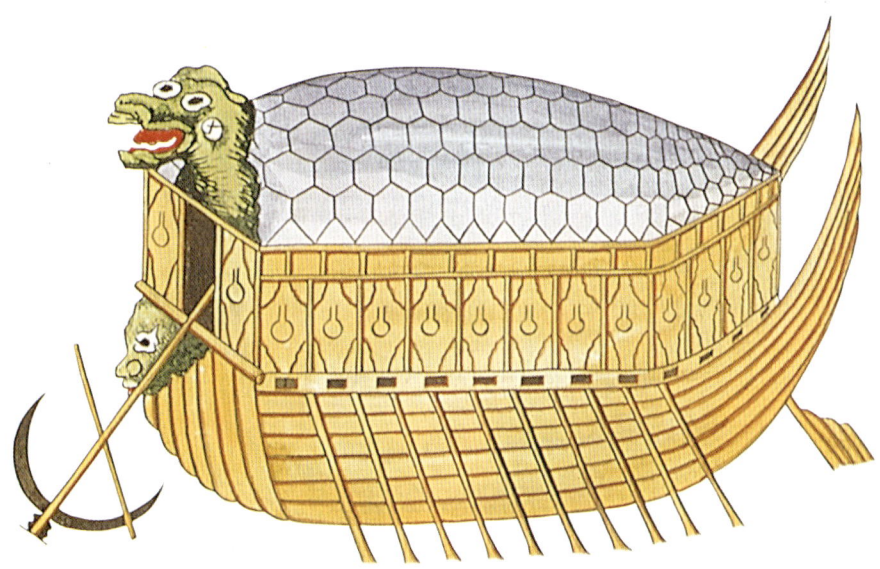

거북선 충무공이 발명한 거북선. 전선의 하나였다.

부선과 거북선

사명기 司命旗

현대 군에 사단마다 마크가 있고, 사단기가 있듯이 옛날에도 진영마다 군을 지휘하는 군기가 있었다. 이를 사명기라 한다.

사명기에는 진영의 이름을 크게 내려쓰고, 그 끝에 사명司命 두 글자를 붙여 썼다. 그래서 사명기라는 이름으로 불렸다. 함경북도를 지키는 진영이면 '함경북도 제군사명咸鏡北道諸軍司命'이라는 깃발을 걸고, 관동지방을 지키는 군영에서는 '관동 방어사명關東防禦司命'이라는 사명기를 달았다. 수도 이외의 요지를 맡아 다스리는 유수留守, 왕의 명령으로 지방을 특별히 돌아보는 순찰사 등에도 사명기가 따랐다.

서울에는 왕이 친히 거느리는 다섯 군영이 있었는데 이를 5군영이라 하였다. 훈련도감·수어청·금위영·어영청·총융청이다. 훈련도감은 훈련대장 지휘로 군사를 길러 수도와 전국의 방어를 맡던 진영이다. 수어청은 남한산성을 지키는 군영으로 수어대장이 사령관이었다. 수도를 지키는 금위영은 금위대장이 사령관이었다. 황해도 이남 각도의 방위를 맡은 어영청은 어영대장이 사령관이었고, 경기도 일대 수비를 맡은 총융청은 총융사가 사령관이었다.

황제가 5군영의 군사를 한데 모아 사열할 때면 각 진영에서 사명기를 앞세우고 모였다. 이때에는 중앙에 훈련도감이, 남쪽에 수어청이, 동쪽에 금위영이, 서쪽에 어영청이, 북쪽에 총융청이 깃발을 들고 섰다.

훈련대장의 사명기에는 노랑 바탕에 '삼군사명三軍司命' 넉 자를 붉은 글씨로 썼고, 금위대장의 사명기에는 남빛 바탕에 '금위군사명禁衛軍司命' 다섯 자를 금색으로 썼다. 어영대장의 사명기에는 흰색 바탕에 노랑색 글씨였다.

사명기 크기는 세로가 약 1미터, 가로가 약 50센티 정도였으며 기의 아래끝에 옷고름 비슷한 오색 비단천을 달았다. 이를 미대尾帶라 하였다. 이 밖에도 줄과 술 등으로도 장식하였다.

줄과 술 등으로도 장식

미대(尾帶) 기의 아래끝에 단 옷고름 비슷한 오색 비단천

사명기에는 진영의 이름을 크게 내려 쓰고 그 끝에 '사명(司命)' 두 글자를 붙여 썼다.

관동방어사명기 관동지방을 지키는 군영의 사명기

사명기

함경북도 제군사명기 함경북도를 지키는 진영의 사명기

무기

우리 조상이 나라를 지키던 무기로는 칼과 창, 활 등이 있다. 화포도 옛적부터 쓰던 무기이다. 중국 사람은 우리나라 사람을 동이東夷족이라 하였는데, 이는 무기를 잘 다루는 용감한 민족이라는 뜻이다. 고구려 시조 고주몽의 이름은 활의 명사수라는 뜻이다.

무기로 쓰는 칼에는 여러 가지가 있었다. 품에 지니고 다니는 칼을 단도 또는 비수라 하고, 칼집에 끼워서 차고 다니는 칼을 환도라 하였다. 환도의 길이는 대개 90센티미터 정도였다. 날과 등이 있는 칼을 '도'라 하는데 약간 뒤로 휘어 있었다. 앞뒤 양쪽에 날이 있는 칼을 '검'이라 불렀다. 칼집 없이 들고 다니거나 끼고 다니는 자루 긴 칼이 있었다. 칼날이 넓고 반달같이 생겼다 하여 월도 또는 언월도라 불렀다.

창은 적을 찔러서 물리치는 무기이다. 가볍고 튼튼한 나무로 자루를 만들고 그 끝에 창날을 달았다. 창 자루로는 대나무가 많이 쓰였다. 끝이 세 갈래로 갈라진 창을 당파창 또는 삼지창이라 하였다. 찌르는 날 외에 끌어당기는 갈고리가 하나 더 있는 창을 '모'라 하고, 갈고리가 둘 있는 창을 '극'이라 불렀다.

활은 화살을 메워서 쏘는 무기인데 궁체와 시윗줄로 이루어진다. 시윗줄에 화살을 걸어서 쏘아 멀리 떨어진 적을 공격하였다. 활을 넣어두는 자루를 활집이라 하고, 활과 화살을 꽂아 등에 지도록 만든 것을 동개라 하였다. 여러 개 화살을 잇따라 쏠 수 있게 만든 활이 쇠뇌이다.

화포를 총통이라고도 불렀는데 이는 대포의 일종이었다. 화약의 힘으로 쇠로 된 탄환을 쏘아 적을 공격하였다. 크기에 따라 천자포, 지자포 등으로 구별하였다. 대완구는 아가리가 넓은 대형 화포였다. 비격진천뢰는 임진왜란 때 이순신 장군이 발명한 장거리포였다. 수박처럼 만든 쇠 속에 화약과 쇳조각과 뇌관을 장치하여 적진에 떨어지면 무서운 힘으로 터졌다.

화포는 고려시대 최무선이 화약 기술을 개발한 뒤에 만들어져 일본 해적 왜구를 물리치는 데 사용되었다. 임진왜란 때 이순신 장군은 거북선에 화포를 장치하여 많은 왜병을 무찔렀다.

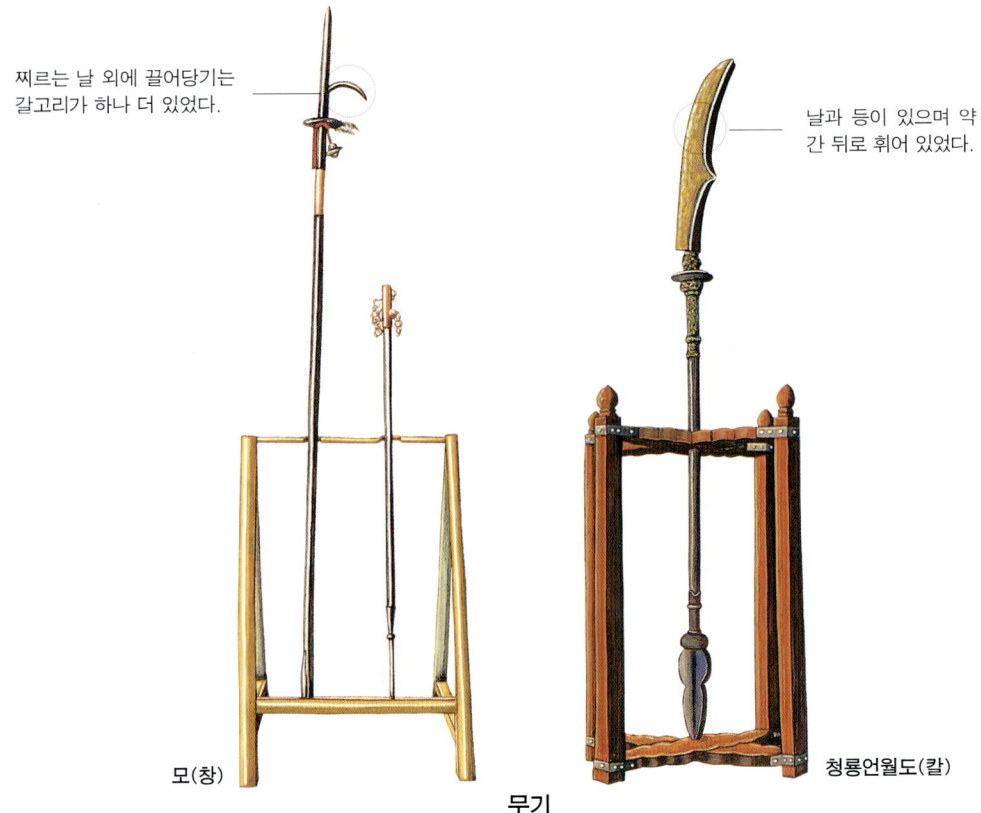

찌르는 날 외에 끌어당기는 갈고리가 하나 더 있었다.

날과 등이 있으며 약간 뒤로 휘어 있었다.

모(창)　　무기　　청룡언월도(칼)

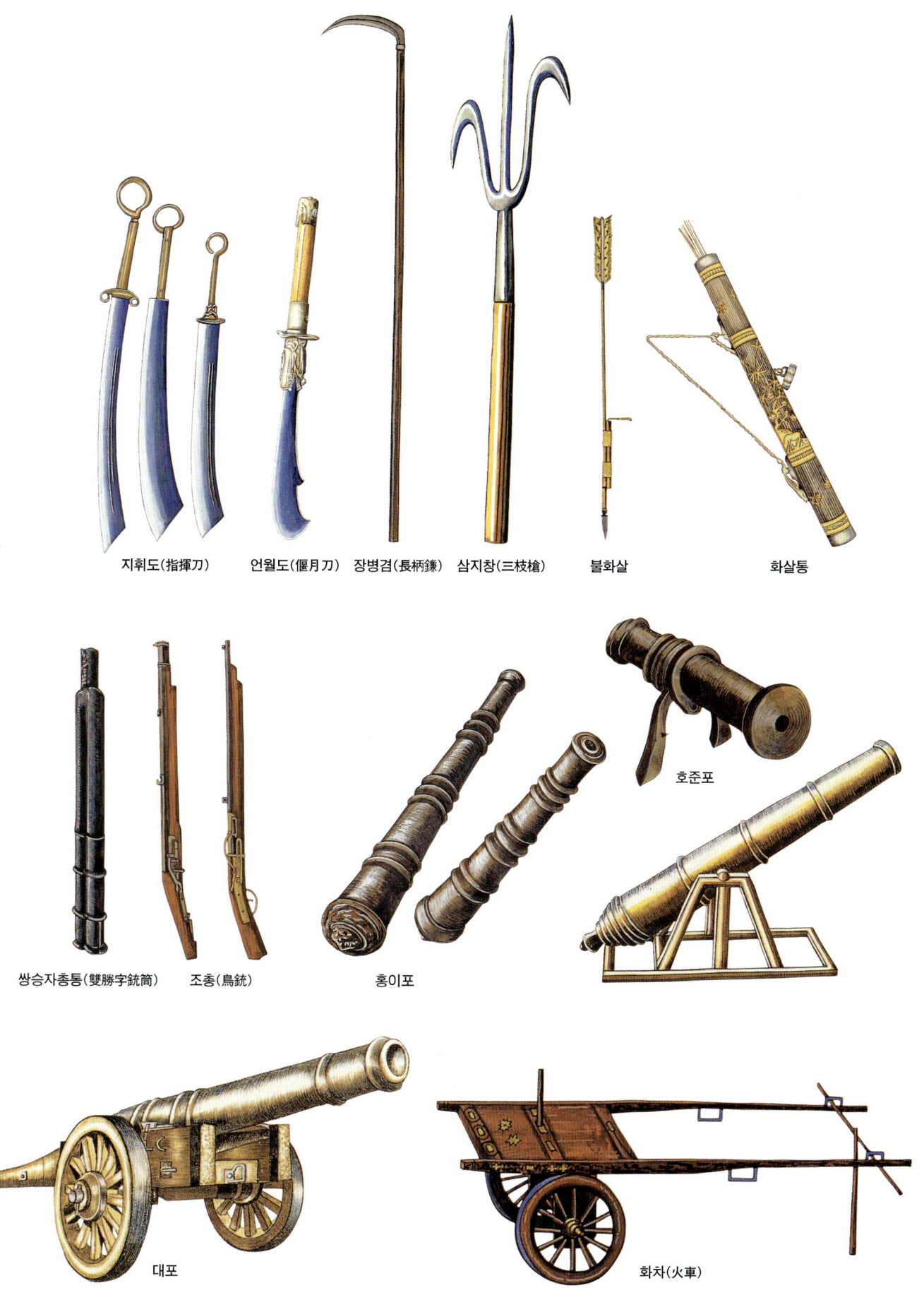

무기의 여러 종류

 투구

투구는 적의 공격에서 머리를 보호하기 위해 쓰는 쇠모자이다.

투구를 쇠로 만드는 것은 화살이나 칼, 창이 뚫지 못하게 하기 위해서이다. 보통 투구는 갑옷과 한 쌍으로 갑옷을 입으면 투구를 쓰고, 투구를 쓰면 갑옷을 입었다. 그래서 투구와 갑옷을 합쳐서 갑주라고 불렀다.

투구는 꼭지부분, 쓰개부분, 목가리개 부분으로 나눌 수 있다. 여기에 여러 장식을 하여 군인 모습이 돋보이게 하였다.

우리나라에서 투구와 갑옷을 처음 착용한 것은 삼국시대이다. 고구려 무덤 벽화에 나타난 투구는 주발을 엎어놓은 모양이다. 앞에는 차양이 있고, 목둘레를 싸는 목가리개가 있다. 목가리개 끝은 끈으로 묶어 투구가 벗겨지지 않도록 하였다. 투구 정수리에는 뾰족한 꼭지를 만들어 술을 달거나 깃털을 달았다. 신라나 가야의 투구는 실물이 몇 곳 무덤에서 출토되었다. 그 중에는 여러 개 철판을 이어서 만든 것도 있다.

삼국시대 투구 모양은 조선시대까지 이어졌다. 조선시대에 장군이 쓰던 투구는 전 시대 것과 같이 주발을 엎어 놓은 모양이다. 검은 가죽으로 쓰개부분을 덮고, 놋쇠로 봉황이 날아드는 무늬를 앞면 전체에 새겼다. 차양 부분에도 놋쇠로 된 장식이 있었다. 투구 정수리는 볼록하게 다듬어 장식하고, 그 위에 전체 쓰개 길이보다 조금 높게 놋쇠로 된 삼지창을 세웠다. 삼지창 중간에 구슬 장식을 하고 빨간 털로 된 상모를 달았다. 또 좌우로 목가리개를 드리우고 차양 밑에 장식을 한 이마가리개가 있었다. 그 한가운데에 장수 '수帥'자를 새겨놓았는데 이것은 장수將帥라는 표시이다.

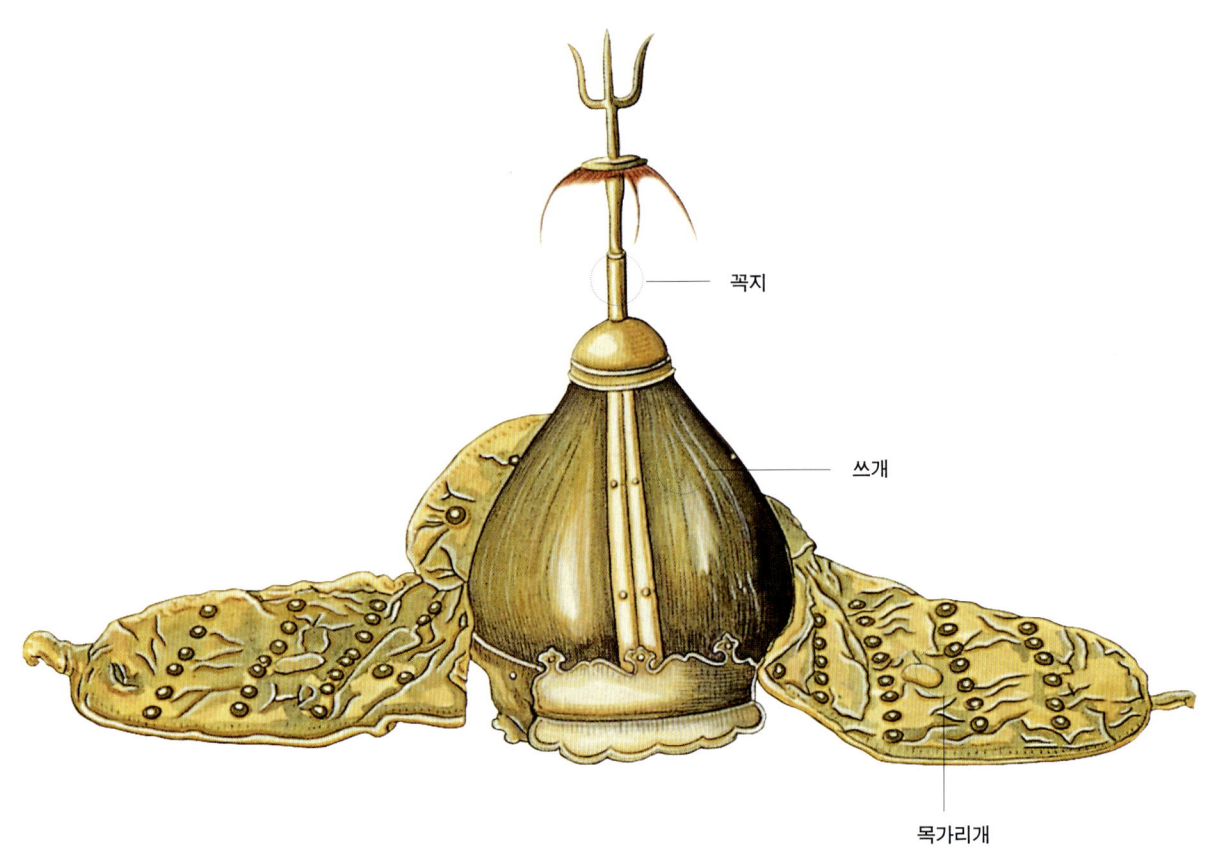

투구

투구의 여러 종류

형구

형구는 죄지은 사람에게 형벌을 주기 위한 도구이다. 형구를 사용하는 것은 죄지은 자에게 고통스러운 벌을 주는 것 외에 일반 사람에게 형벌에 대한 두려움을 갖게 하여 법을 지키게 하려는 목적이 있었다.

포승은 죄인을 묶는 붉고 굵은 줄이다. 오랏줄이라고 부르기도 했다. 수갑은 쇠로 만든 것으로 죄인의 손목에 걸쳐서 채웠다.

가벼운 죄를 지은 사람을 다스리는 형구로 곤장이 있었다. 장판이라는 형구에 법을 어긴 자를 눕혀 놓고 곤장으로 볼기를 쳤다. 곤장은 크기에 따라 다섯 가지가 있었다. 물건을 훔친 도둑에게 내리는 곤장이 최고 큰 것으로 치도곤治盜棍이라 했다. 이 곤장은 길이가 약 1미터 50센티미터, 너비가 15센티미터쯤 되는 끝이 넓은 막대기였다. 남을 때려 상처를 입힌 자, 역마를 사사로이 타고 다니는 자, 부정을 알고도 적발하지 않는 관리, 돈을 꾸어 주고 이자를 많이 받는 자 등도 곤장을 맞았다. 곤장은 100대를 넘지 못하고, 한꺼번에 30대 이상은 치지 못하게 법으로 정해 두었다.

큰 죄를 짓고 감옥에 들어간 사람에게는 칼을 씌웠다. 이것은 두껍고 긴 널빤지 한쪽 끝을 사람 목이 들어갈 만하게 판 형구이다. 죄인 목을 끼운 다음 양쪽에 비녀장을 질러서 다니거나 눕지 못하게 하였다. 차꼬라는 형구는 길다란 두 개의 토막나무 틈에 두 개의 구멍을 판 것이다. 여기에 죄인의 발목을 넣고 자물쇠로 채웠다. 여러 사람의 발을 같이 끼우는 길다란 차꼬도 있었다.

죄인의 두 다리를 묶어 주리틀기 의자에 앉힌 다음, 주릿대라는 두 개의 나뭇대를 끼워서 비트는 형벌을 주리틀기라 하였다. 고문할 때 쓰던 형벌이었는데, 가혹하다 하여 조선말엽에 폐지하였다. 단근질은 단근질 화로에 숯불을 피우고 쇠꼬챙이를 달구어 몸을 지지는 형벌이었다. 단종을 다시 왕위에 올리려 했던 사육신은 단근질을 당했지만 끝끝내 절개를 굽히지 않고 죽임을 당했다.

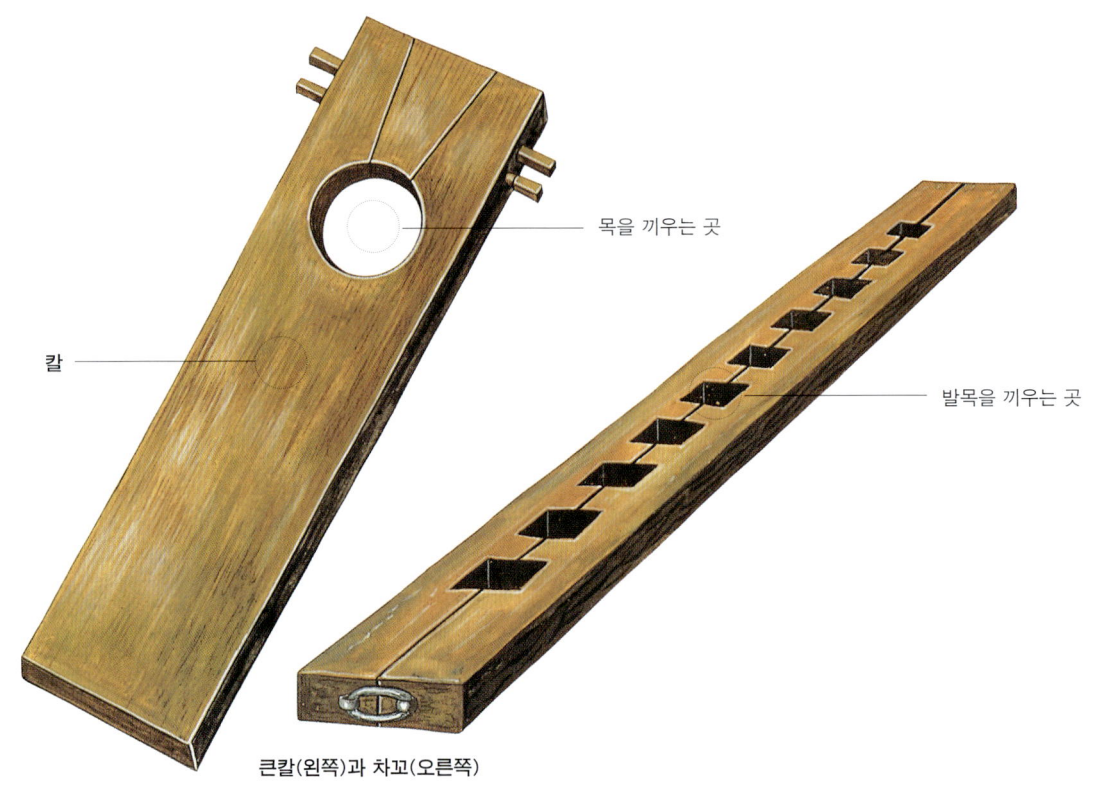

큰칼(왼쪽)과 차꼬(오른쪽)

형구

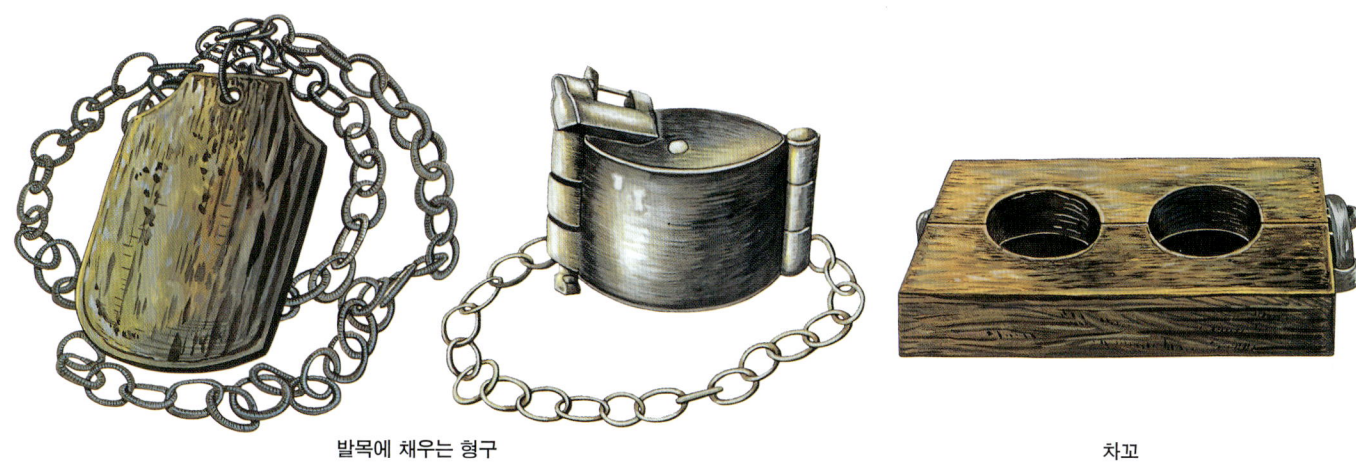

발목에 채우는 형구   차꼬

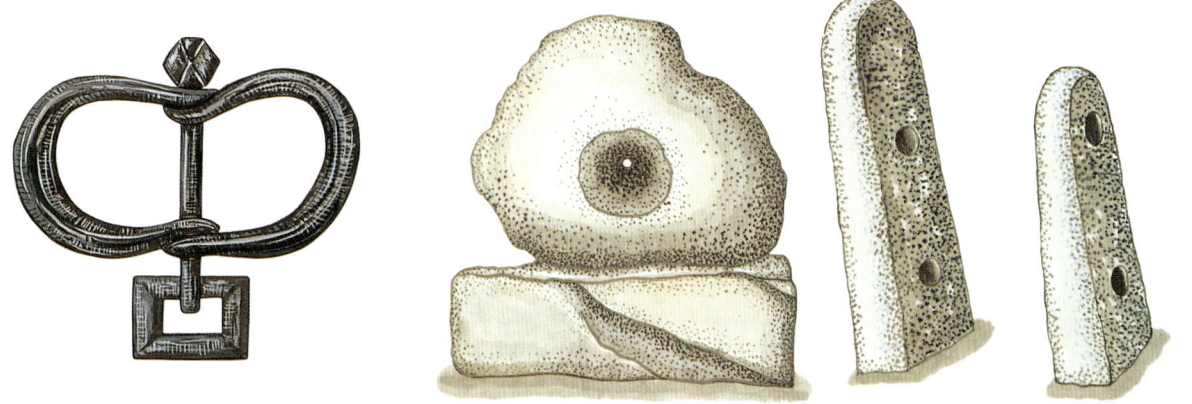

수갑(手匣)   죄수목을 감은 노끈을 구멍에 끼워 반대쪽에서 잡아 당겼다

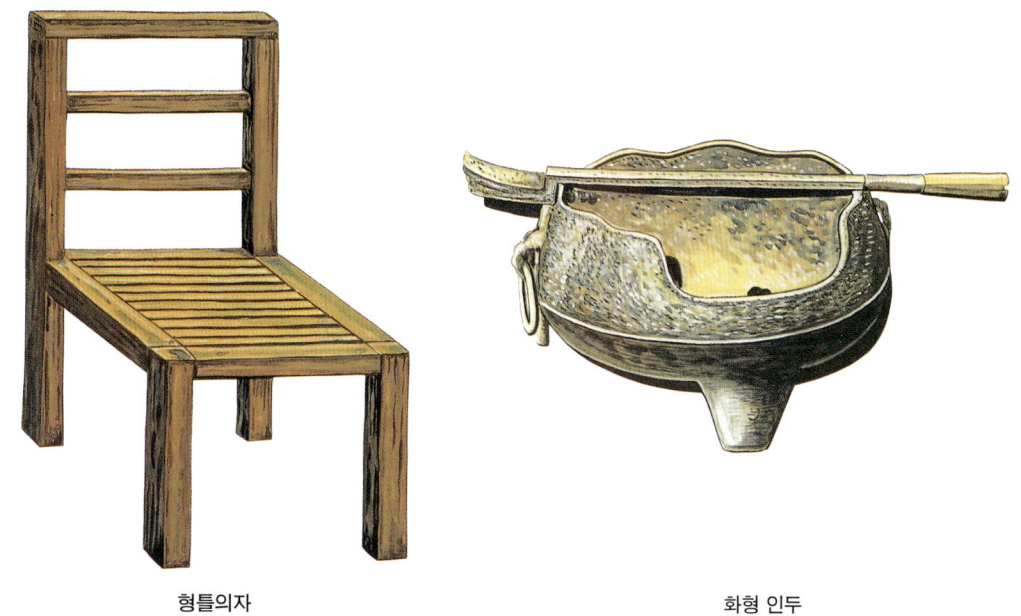

형틀의자   화형 인두

군사장비와 형구   151

신앙과 놀이

무신도	고싸움
지옥도	남사당놀이
부적	연놀이
굿	탈춤
서낭당	북청 사자놀음
고성 오광대	국악기

무신도

무속은 아득한 옛적부터 비롯된 민간 신앙이다. 무신은 무속에서 모시는 신이다.

무속 신은 아주 많아서 무속인마다 모시는 신이 조금씩 다르고, 수가 일정하지 않다. 하늘에는 제석·옥황상제·삼신·해애기씨·달애기씨·별애기씨·북두칠성신 등이 있고, 땅에는 토지신·조왕신·성주신·산신·서낭신이 있다. 단군신·기자신·박혁거세신처럼 나라 시조를 신으로 모시기도 하고, 최영장군신·임경업장군신처럼 장군을 신으로 모시기도 한다. 단종대왕신·뒤주대왕신처럼 억울하게 죽은 왕이나 왕자를 신으로 모시기도 한다. 이것은 모두 민간 신앙에서 비롯된 무속 신이다. 또 특이하게 무속인만 모시는 신이 따로 있다. 천지왕·미륵·당금애기, 바리공주 등이 그러하다.

무속은 불교와 도교의 영향을 받았다. 그래서 불교나 도교의 신앙 대상을 무속에 끌어들인 것이 많다. 삼불제석이나 미륵은 불교에서 온 것이며, 북두칠성신·옥황상제 등은 도교에서 온 것이다.

무속인은 자기가 모시는 신을 그림으로 그려 족자나 탱화를 만들어 걸어 둔다. 이를 무신도라 한다. 무신도에 나타난 신은 주로 왕과 왕비 혹은 공주 모습이거나 칼을 든 장군 모습이 많다. 이는 신의 권위를 나타내기 위한 것이다. 왕이나 장군 차림을 하고 있어야 액신을 쫓아내고 기도자의 소원을 들어줄 수 있다고 믿었기 때문이다.

무속인은 무신도 앞에서 점을 치거나 굿을 한다. 굿은 기도 내용을 춤과 음악과 노래로 신에게 보여 주는 것이다. 무속 신에는 각각 신화가 따른다. 이는 무속인이 굿을 할 때 외우는 대사에서 나타난다. 그 중에는 바리공주 신화처럼 효도와 모험을 주제로 하여 감동을 주는 것도 있다.

작두마지 쌀이 든 용궁단지 위에 두 개의 작두 날을 세우고 그 위에서 맨발로 춤을 추는 모습. 작두타기는 부정하고 해로운 기운을 누르는 것으로 알려져 있다.

무신도

오방신장(五方神將) 동·서·남·북 중앙의 오방을 지키는 방위신으로 오방신, 오방장군이라고도 한다.

칠성신(七星神) 수명장수와 길흉화복을 관장하는 신. 칠성은 일곱 개의 별로 탐랑·거문·녹존·문곡·염정·무곡·파군을 말한다.

삼불제석(三佛帝釋) 삼위(三位)의 불신으로, 대개 머리에는 삼각형의 고깔을 쓰고, 합장을 한 모습이다.

일월신(日月神) 해와 달을 관장하는 신을 말한다.

나옹(懶翁)스님 고려 공민왕의 왕사(王師)였던 고승

무학대사 태조 이성계의 스승

사면스님

관성제(關聖帝) 중국 삼국지에 등장하던 관우 신을 말한다.

신앙과 놀이 157

무신도

민중전(閔中殿)　　　　부군임 송씨(府君任 宋氏)　　　　강씨부인(康氏夫人)

호귀(胡鬼)아씨　　　　광대씨(廣大氏)

무신도

이훼(李晦)의 사당화

신앙과 놀이　159

지옥도

지옥도는 지옥 광경을 그린 그림이다.

우리는 옛적부터 사람이 죄를 지으면 죽어서 지옥에 가고, 좋은 일을 많이 하면 극락에 간다고 믿었다. 영혼을 저승까지 이끌고 가 관련 문서를 정리하는 저승 벼슬아치를 최판관이라 한다. 최판관을 따라 명부에 가면 열 사람의 심판관에게 심판을 받게 된다. 이 열 사람의 신에게는 각자 대왕 이름을 붙여 주고, 시왕十王이라 불렀다. 시왕은 진광대왕·초강대왕·송제대왕·오광대왕·염라대왕·변성대왕·태산대왕·평등대왕·도시대왕·오도 전륜대왕이다. 여기서 염라대왕이 대표 심판관이다.

명부에는 업경대라는 큰 거울이 있다. 그 거울 앞에 서면 일생 동안 한 일이 영화 영사막처럼 나타난다. 시왕은 업경대에 나타나는 공덕(착한 일)과 죄를 보고 판결을 내린다. 죄를 많이 지은 죄인은 지옥으로 던진다.

지옥 중에는 열지옥이 있다. 열지옥에는 뜨거운 쇠구슬을 계속 삼켜야 하는 지옥, 불을 토하는 매나 이리에게 쫓겨 다녀야 하는 지옥, 끓는 물속에 들어가야 하는 지옥, 뜨거운 쇠 평상에 누워서 견뎌야 하는 지옥 등이 있다. 끊임없이 몸에 상처를 입어야 하는 칼산지옥과 칼이 날아다니는 비도지옥도 있다. 또 거짓말을 많이 한 사람은 혀를 길게 내밀고 소가 끄는 쟁기에 혀를 갈려야 한다. 이 지옥을 설경지옥이라 한다. 그런가 하면 얼음으로 죄인을 다스리는 한랭지옥도 있다. 여러 지옥 중에서도 아비지옥과 규환지옥이 가장 고통스럽다. 그래서 아비규환이라는 말이 생겼다. 쇠머리를 가진 귀신 우두나찰과 말 머리를 가진 마두나찰은 옥졸이 되어 죄인을 가혹하게 다룬다.

지옥도는 주로 전문화가가 아닌 일반인이 그렸다. 민간에서 그린 그림을 민화라 한다. 민간에서 지옥도를 그려서 걸어 둔 것은 죄를 무섭게 여기도록 가르치기 위함이었다.

지옥도

지옥도

 # 부적

민간신앙에서는 재앙을 막으려고 부적을 사용했다. 사람에게 해를 끼치는 귀신이 부적을 보면 달아난다고 믿었기 때문이다.

부적은 주로 방문 위, 방문 안쪽 보꾹 사이나 기둥에 붙였다. 또 재물이 가득하기를 바라며 곳간에 붙이기도 했다. 이 밖에도 지니는 물건이나 선박·사업장에도 붙이거나 몸에 지니기도 했다.

부적에는 획이 많은 빨간 글자가 씌어 있다. 이를 부적글자 또는 부자符字라고 한다. 부자는 경명주사를 녹여서 쓰기 때문에 빨갰다.

부자는 그 목적에 따라 여러 가지가 있고, 같은 목적에는 같은 부적글자가 쓰인다. 주로 재산을 지키게 하는 부적, 병을 쫓는 부적, 집안을 편안하게 하는 부적, 재수가 있게 하는 부적, 재난을 막는 부적 등이 많았다.

부적을 쓰는 사람은 소원이 이루어지기를 기도하면서 정성을 다했다.

이와 달리 대문에다 용이나 호랑이 그림을 커다랗게 그려 붙이기도 했다. 龍(용)·虎(호) 두 글자를 크게 써서 대문 양쪽에 붙였는데 이것도 부적의 하나이다. 이것은 용이나 호랑이가 재앙을 쫓아 준다는 민간신앙에서 비롯된 것이다. 머리가 세 개인 매를 그려서 방문 위쪽이나 대문에 붙이기도 하였다. 이 상상의 매를 머리가 세 개라 하여 삼두응三頭鷹이라 한다. 집안에는 삼재(수재·풍재·화재)를 일으키는 세 귀신이 나드는데 삼두응이 문 옆에서 지키고 있다가 세 개의 부리로 세 귀신을 쪼아서 쫓아 버린다고 믿었다. 그래서 삼두응 옆에는 삼재를 쫓는다(축삼재 逐三災)는 주문을 함께 써 뒀다.

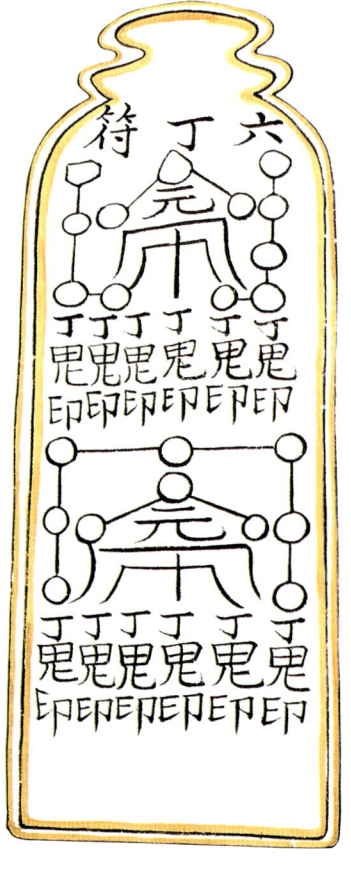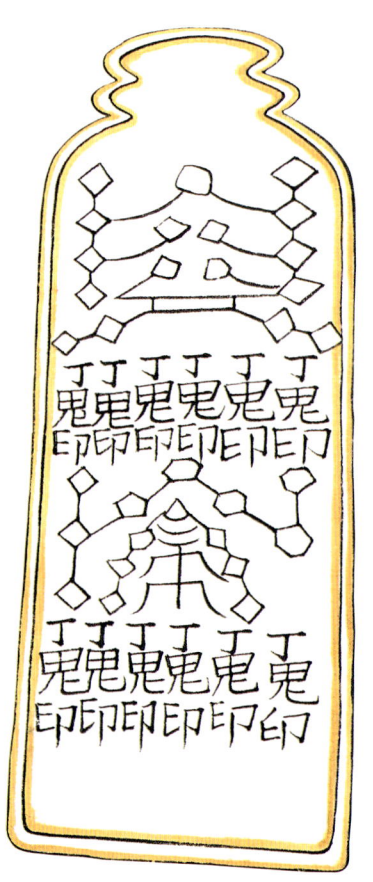

부적

부적의 여러 종류

굿

무속은 오랜 옛날부터 우리나라에서 이어져 온 민속신앙이다. 무당은 무속의 주인공으로서 신과 사람 사이를 이어 주고, 악한 신을 쫓아내고 복을 불러오는 것으로 여겨졌다. 굿은 무당이 신과 접하는 의식으로 푸닥거리, 살풀이라고도 한다. 무당은, 신을 통해서 사람의 운명을 점치고, 악령을 쫓고 복을 맞아들이며, 질병을 가져오는 역신을 물리쳐 병이 낫게 하는 능력이 있는 것으로 여겨졌다. 또 저승으로 바로 가지 못하고 떠돌아다니는 죽은 자의 혼령을 이끌어 좋은 곳으로 가게 한다고 믿었다.

무당이 악령이나 질병을 쫓거나 죽은 자의 혼령을 접할 때에는 제사를 지낸다. 이때 주술과 춤과 기도의 노래가 어우러진다. 이것이 굿이다. 무당이 굿을 할 때 입는 옷은 화려하다. 굿에 쓰이는 제물은 백편·과일·유과·술·포 등이지만 밥이나 그 밖의 제물이 쓰일 때도 있다. 굿에는 꽹과리·징과 같은 타악기가 동원되고 퉁소와 해금이 쓰일 때도 있다. 접신이 된 무당의 동작은 거칠다. 최면 상태에서 주문을 외치고 노래를 하기 때문에 굿은 퍽 야단스럽다.

무당은 오랜 수련 끝에 굿을 할 수 있는 신비한 능력을 가지게 된다. 기능이 뛰어난 무당을 큰 무당이라 한다. 여자 무당이 대부분이고, 남자 무당은 박수무당이라 부른다.

우리 역사에는 삼국시대부터 무속에 대한 기록이 있다. 무당은 왕궁에 들어가 병을 고치기도 하고, 나라를 위한 기도를 맡기도 하였고, 가뭄이 심할 때는 기우제를 주관하여 비가 오게 하였다. 아기를 낳도록 하는 기도를 무당에게 맡기기도 하였다. 또 정월에 무당을 불러 안택굿을 하면 한 해 동안 운이 트인다고 믿었다. 안택굿은 햇곡식을 거둔 시월에도 행해졌다. 집을 새로 짓거나 이사를 한 뒤에는 집안의 수호신인 성주에게 기도하는 의식으로 성주굿을 하였다. 이때 무당이 부르는 노래가 성주풀이라는 민요가 되었다.

굿 푸닥거리, 살풀이

굿 무당이 노래하고 춤추며 귀신에게 치성을 드리고 있다

서낭당

서낭당은 서낭신을 모시는 곳이다. 서낭당이 있는 곳은 고갯마루나 큰길 옆, 마을 입구 등이다. 옛적부터 서낭당을 지날 때에는 돌멩이 한 개씩을 주워서 쌓는 풍습이 있었다. 여기에는 나그네의 앞길이 안전하도록 비는 뜻이 있었다. 그래서 서낭당은 돌무더기로 이루어져 있고, 거기에 서낭신이 거처하는 나무가 있었다. 이 나무를 서낭나무 또는 당산나무라 한다.

 서낭나무에는 금줄이 쳐져 있고 여러 가지 헝겊을 매어 놓았다. 파란색 또는 빨간색이다. 아기 수명이 길도록 서낭당에 빌고, 헝겊을 당산나무 가지에 걸었다. 마을을 돌아다니는 도붓장사는 장사가 잘 되기를 빌며 헌 짚신을 나무에 걸기도 하였다. 신랑 신부가 새 집을 지어 이사를 갈 때에는 부모 집 귀신이 따라오지 못하게 신부 옷을 찢어서 서낭나무에 걸었다. 이 밖에 여러 소원을 표시하기 위해 헝겊을 걸고 빌었다.

서낭신은 무당의 신이었다. 무당은 서낭신에게 제사를 올리고 기도를 하였는데 이것이 서낭제이다.

 한편 옛날에는 마을마다 그 마을을 지켜 주는 수호신이 있다고 믿었다. 이를 동신이라 하였는데 마을에 따라서는 동신과 서낭신을 같은 것으로 여기기도 하였다. 해마다 한 번씩 마을을 지켜 주는 동신이나 서낭신에게 제사를 지낸다. 동신에게 지내는 제사를 동제라 한다. 동제나 서낭제 날은 대개 정월 대보름이다.

 마을 사람은 한데 모여 그해 동제와 서낭제를 차리고 지낼 제관을 뽑는다. 제관으로 뽑힌 사람은 목욕을 하고, 새 옷을 갈아입고, 며칠 동안은 부정한 것을 보지 않으며 부정한 곳에 가지도 않는다. 제사 지낼 제단은 깨끗이 청소하고 금줄을 새로 맨다. 마을에 따라 제사 방법이 조금씩 달랐지만 제물은 보통 제사에 쓰는 제물과 비슷했다.

서낭당(경북 문경)

서낭당

홍수막이 제상(祭床)

고성 오광대

고성 오광대놀이는 경남 고성읍에 전해 오는 탈놀이로 중요무형문화재 제7호이다. 오광대놀이는 고성 외에도 경남 통영·진주·창원 등에서도 연희되었는데 지방마다 과장(마당) 수가 조금씩 달랐다.

놀이를 하는 연희자는 서민 중에서 음악과 춤에 능하고 놀기를 좋아하는 사람으로 이루어진다. 그 중 나이 많은 사람의 지시에 따라 계를 조직하고 지신밟기를 통해 비용을 만들어 놀이를 이어왔다고 한다.

이 탈놀이에는 말뚝이·원양반·청제양반·적제양반·백제양반·흑제양반·홍백양반·종가도령·비비(상상의 동물)·비비양반·중(스님)·각시·영감·할미·제밀주·마당쇠·문둥이 등의 탈이 등장하고, 봉사(장님)·상주·상두꾼을 맡은 사람은 탈을 쓰지 않는다.

춤의 반주음악은 주로 굿거리장단이고, 악기로는 피리·젓대·해금·가야금·거문고·장구·북·꽹과리 등이 쓰였지만 근년에는 꽹과리·징·북 등 농악기만을 사용한다.

여기에 여러 춤이 등장한다. 말뚝이춤은 동작이 크고, 양반춤은 부드럽다. 할미춤은 팔과 엉덩이를 심하게 흔든다. 제밀주의 춤은 맵시가 있다. 이들 춤에는 익살이 따른다.

놀이의 짜임은 다음과 같다. 첫째마당은 중춤이다. 중과 각시가 굿거리장단에 맞추어 춤을 춘다. 둘째마당에는 문둥이탈이 등장한다. 문둥이는 소고를 들고 나와 춤을 춘다. 셋째마당은 양반이 나타나 위엄을 부리고 마부인 말뚝이에게 인사를 강요한다. 말뚝이는 여기에 반항한다. 양반이 말뚝이를 윽박지르면 말뚝이는 재담으로 말을 돌려서 변명한다. 양반은 말뚝이에게 속아서 우스꽝스러운 모습이 된다. 넷째마당에는 상상의 동물인 비비가 나타난다. 비비는 무엇이나 잘 잡아먹는 동물인데 "비― 비―" 하고 소리를 낸다. 양반이 비비를 만나 자기가 비비의 할아버지라고 하자 비비는 양반을 잡아먹지 못하고 덧뵈기춤을 같이 추다가 퇴장한다. 마지막 다섯째마당에는 영감의 둘째마누라인 제밀주가 낳은 아들을 할미가 떨어뜨려 죽이고, 이 할미는 제밀주에게 맞아 죽는다. 그리고 나서 할미의 상여가 떠나간다.

상주 도련님

고성 오광대

말뚝이

고성 오광대의 셋째마당

고싸움

고싸움놀이는 전남 광산군을 중심으로 행해지는 민속놀이로 주요 무형문화재 제33호이다. 이 놀이는 음력 정월 초순에 시작하여 2월 초하루에 끝을 맺는 세시풍속놀이이기도 하다. '고'는 노끈 따위의 매듭이 풀리지 않게 한 가닥을 고리처럼 맨 것을 말한다. 고싸움놀이는 큰 고를 만들고 이것을 부딪치게 하여 상대를 누르는 쪽이 승자가 된다.

정월 초순 광산 지방 마을에서는 짚을 거두어 고를 만든다. 팔뚝처럼 굵은 새끼줄을 9겹으로 하고, 그 안에 통나무를 넣어서 굵은 새끼줄로 칭칭 감아 타원형 고머리를 만든다. 그 둘레는 약 2미터 정도이다. 고머리에 이어지는 몸체에는 5~6개의 통나무를 가로질러 묶어서, 멜 수 있도록 만든다. 이렇게 하여 고가 완성된다.

고싸움은 대개 16일에 벌어지는데 여기에 농악이 동원된다. 양편 마을에서 고를 하나씩 메고 고싸움 장소로 모이면 농악대와 응원하는 사람, 구경꾼이 모여든다. 수십 명이 고를 메고 돌진하여 상대방의 고를 찍어 누르기 위해 애쓴다. 이때 한두 사람이 고에 올라타고 싸움을 지휘한다. 좀처럼 승부가 나지 않기 때문에 양편은 여러 번 부딪치고 물러서고 한다. 그 사이 농악이 크게 울리고, 응원하는 소리, 손뼉 치는 소리가 요란해진다.

하루에 승부가 나지 않을 때는 정월 스무날까지 격전이 계속된다. 한편이 상대 고머리를 찍어 눌러 이겼을 때에는 우렁찬 함성이 오르고 꽹과리 소리가 한층 크게 울리면서 춤이 어우러진다.

고싸움놀이는 민속놀이 가운데서도 가장 격렬한 경기여서 끈기와 투기가 있어야 이길 수 있다. 그리고 여럿이, 마음과 힘을 모으고 지휘자의 지시를 잘 따라야 했다.

고싸움

수십 명이 고를 메고 돌진하며 한두 사람이 고에 올라타고 싸움을 지휘한다.

남사당놀이

남사당은 조선 말엽, 떠돌이 연예인 집단이었는데 남자로만 이루어졌다. 이들은 풍물·대접 돌리기·땅재주 넘기·줄타기 곡예·탈놀이·꼭두각시놀이·어릿광대 재담 등을 보여 주고, 거기서 얻은 수입으로 생활하면서 이곳저곳 떠돌아다녔다.

남사당파라고도 하는 이들은 '꼭두쇠'라 부르는 우두머리 밑에 놀이를 지휘하는 '곰뱅이쇠', 조장 격인 '뜬쇠'와 놀이기구를 나르는 짐꾼까지 40~50명으로 조직되었다.

공연은 주로 여름과 가을철 밤에 행해졌다. 공연할 마을에 이르면 먼저 공연 장소를 정하고, 곰뱅이쇠가 마을로 들어가 마을 어른에게 공연 허가를 받았다. 날이 어두워지면 놀이마당에 횃불을 피우고, 꽹과리와 징을 울려 관객을 모으고 공연을 시작했다.

이들이 펼치는 풍물은 농악 일종으로 무동놀이를 비롯한 판굿이 24판이며 꽹과리·징·장구·날라리 등의 악기가 동원된다. 채바퀴나 대접 등을 앵두나무막대기 끝으로 돌리는 묘기를 '버나'라 하였다. 땅재주 넘기를 '살판'이라 하는데 앞으로 넘기를 '앞곤두', 뒤로 넘기를 '뒷곤두'라 한다. 살판은 모두 열한 가지 재주넘기 묘기로 짜여 있었다. 재주를 넘는 놀이꾼을 '땅재주꾼'이라 하였다. 줄타기 곡예는 '어름'이라고 하며 무대 중앙에 높다란 줄을 매고 부채를 든 줄타기꾼이 균형을 잡아가면서 줄을 건너 다닌다. 줄타기에는 열다섯 가지 묘기가 있었다. 탈놀이는 '덧뵈기'라 하였다. 4마당으로 짜인 가면극이었는데 샌님·취발이·말뚝이·먹중 등 여러 탈이 등장하였다. 남사당놀이의 마지막 순서는 '꼭두각시놀이'라는 인형극이었다. 박첨지와 그 아내인 꼭두각시와 홍동지 등 여러 인형이 등장하였다. 꼭두각시놀이는 한 시간 정도 걸리는 공연이었다. 이들 놀이에는 어릿광대의 재담과 춤과 노래와 악기연주가 곁들여졌다.

여섯 가지 놀이를 모두 공연하는 데에는 6~7시간이 걸렸다. 밤 아홉 시에 시작된 공연이 이튿날 새벽까지 계속되어도 사람들은 지루하다고 생각하지 않고 관람하였다.

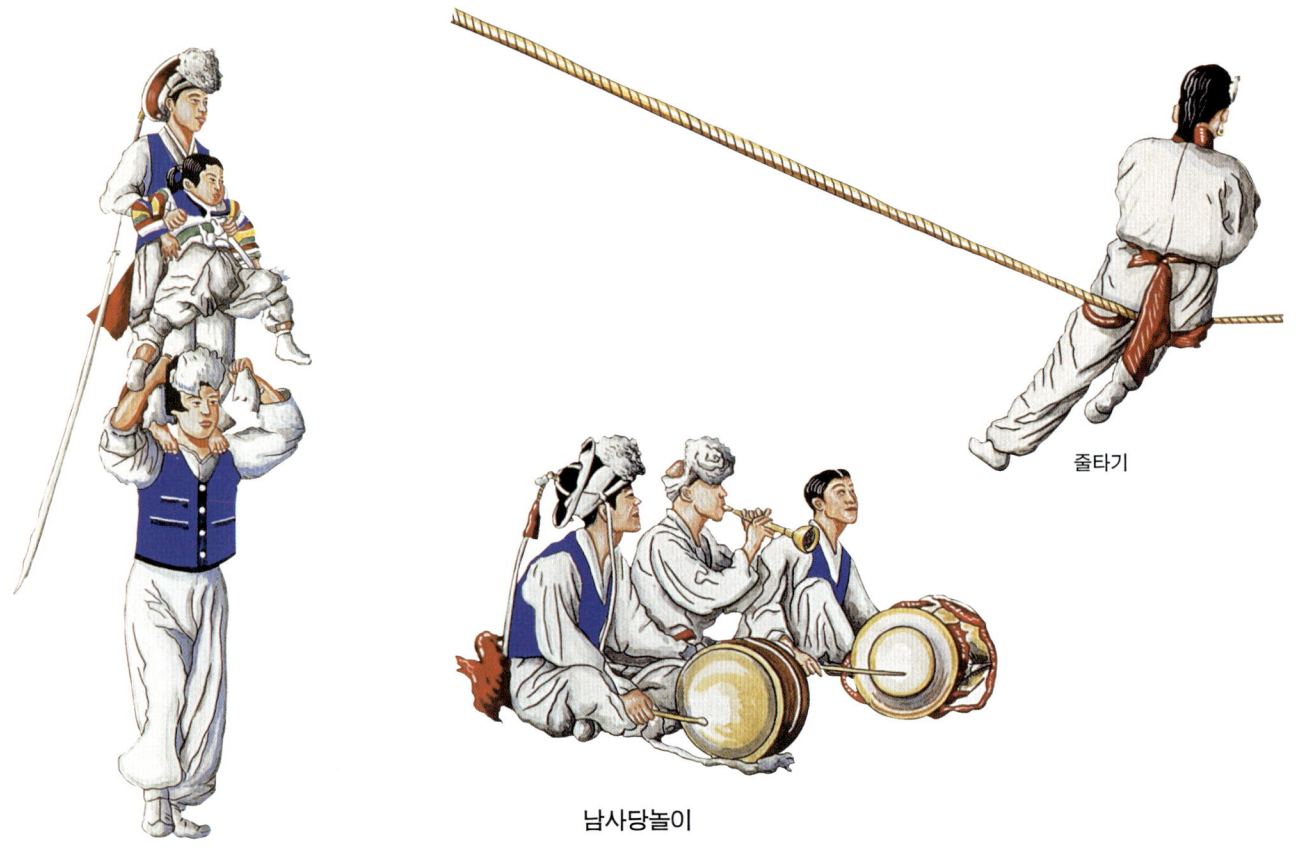

남사당놀이

줄타기

줄타기

버나

신앙과 놀이 173

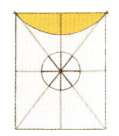 연놀이

연은 민속 장난감이고, 연날리기는 민속놀이이다. 우리나라 연은 100여 가지에 이른다. 대표적인 것이 직사각형꼴의 방패연이다.

연은 종이에 댓가지를 가로·세로와 모로 붙여서 만든다. 연을 만드는 종이는 한지가 알맞지만 백지를 대신 쓸 수 있다. 종이 크기를 길이 56Cm, 너비 46Cm가 되게 자르고, 가로 한쪽 가장자리를 2.5Cm 쯤 접어 머리로 삼는다. 가로·세로 길이는 2대 3이 되게 한다. 세로 길이 3분의 1이 되는 지름으로 한가운데를 동그랗게 오려내면 방구멍이 된다.

댓살은 가늘고 얄팍하게 깎아서 종이에 붙이는데 머리 접은 곳에 가로로 먼저 붙인다. 다음으로 세로와 가로 중간에 붙이고 모서리를 이어서 붙인다. 꼭지를 붙이고 발을 붙이면 연 모양이 완성된다. 그러고 벌이줄을 매고 연줄을 단다. 옛날에는 연줄로 명주실을 많이 썼다. 연싸움에 이기기 위해 사기 가루나 유리 가루를 풀물에 타서 실에 올려 날카로운 실을 만들기도 했다.

연줄은 얼레에 감아 둔다. 얼레는 여섯모, 여덟모도 있었지만 주로 네모 모양이 많다.

연은 곁들이는 그림과 연의 모양에 따라 이름이 지어진다. 나비 그림을 그려 넣은 연은 나비연이라 한다. 원앙새를 그려 넣으면 원앙새연이다. 갈개발을 달면 갈개발연이라 부르고, 긴 꼬리를 달면 꼬리연, 가오리 모양으로 만든 연은 가오리연이라 한다.

정월 보름에는 연에다가 送厄(송액)이라는 글자를 써서 날려 보낸다. 송액이란 액을 멀리 보낸다는 뜻이다. 이를 액막이연이라 한다.

연싸움은 옛적부터 있어 온 놀이이다. 두세 사람이 연을 높이 띄우고, 서로 연줄을 걸어 풀었다 감았다 하면서 상대방 연줄을 끊어서 연이 날아가게 한다. 요즘에는 연날리기대회가 열리면서 연날리기가 운동경기로 발전해가고 있다. 이런 경기를 통해서 연 모양이 다양해지고, 연 날리는 기능이 크게 발전하였다.

  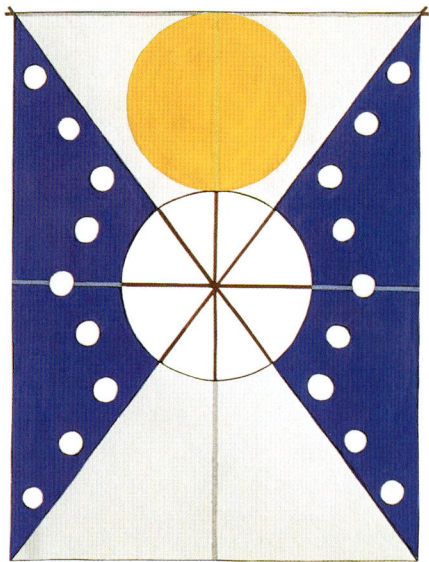

연

연놀이 하는 모습 정초에 세배를 돌고 나서 대보름날까지 마을에서는 연날리기를 했다.

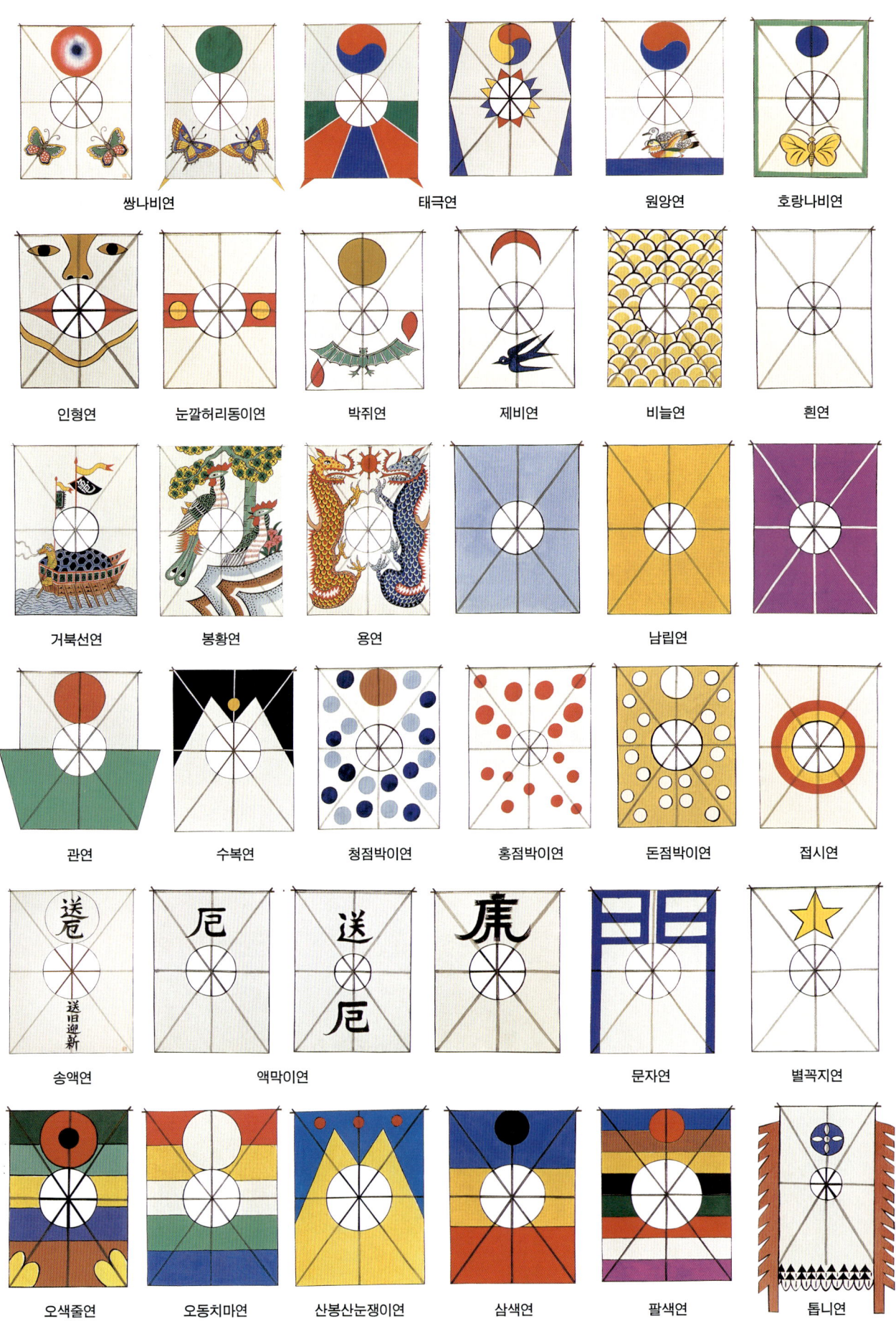

연의 여러 종류

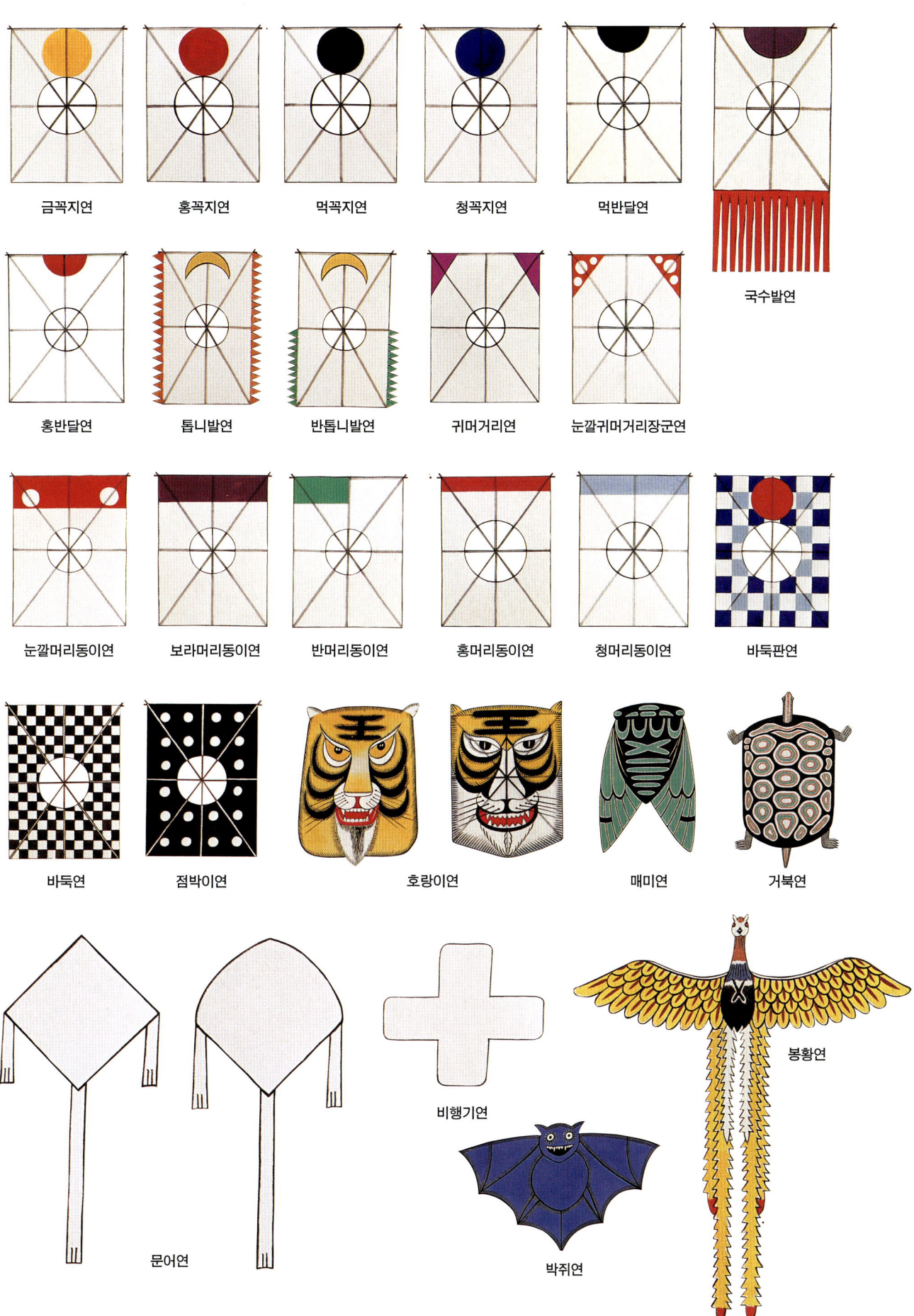

연의 여러 종류

탈춤

탈은 얼굴을 변장하기 위해 나무·흙·종이 등으로 만든 쓰개이다. 탈춤은 탈을 쓰고 추는 춤이다. 오늘날 말로는 가면무라 할 수 있으나 대사가 따르기 때문에 가면극 성격을 띠고 있다.

탈은 역사가 기록되기 이전인 수렵시대부터 만들어졌다. 우리나라 기록에는 삼국시대부터 탈을 사용한 것이 나타나고, 이 시대 탈이 경주 옛무덤에서 출토되기도 하였다. 신라 때 처용 이야기에서 비롯된 처용가면은 병을 옮기는 귀신을 쫓기 위해 만들어졌다. 처용 탈을 쓰고 공연하는 탈춤인 처용무處容舞는 궁중에서도 공연되었다.

민중 사이에서 공연으로는 탈춤은 산대놀이·별신굿·오광대놀이 등이 있다. 놀이를 위해서 탈춤을 펼치기도 하고, 악귀를 쫓기 위해서 탈춤을 공연하기도 하였다. 탈춤 내용은 양반 계급에 저항하고, 잘못된 세상을 꼬집고, 서민 생활의 고달픔을 달래는 것이 많았으며 춤과 노래와 재담이 어우러지고, 악기가 동원됐다.

주요 무형문화재 69호인 하회 별신굿 탈춤은 서낭신에게 제사를 지내기 위해서 해마다 정월 보름에 행해졌다. 이때 쓰던 탈은 고려시대 제품으로 우리나라에서 가장 오래되고 정교한 예술품이라 국보 121호로 지정되었다.

하회 별신굿에서는 선비·양반·각시·파계승 등이 등장한다. 또 산대놀이에는 상좌·먹중·눈금적이·샌님·신할아비·미야할미 등이 등장한다. 그 밖의 탈춤에서도 등장인물이 이와 비슷하다.

황해도 봉산지방에 전해 오는 봉산탈춤은 등장하는 탈과 인물이 많은 편이고, 피리·대금·해금·장구·북 등 전통악기가 동원되며, 많은 민요가 곁들여진다. 봉산탈춤은 오락성과 예술성이 뛰어나 무형문화재 17호로 지정되었고, 미국과 유럽에서 공연되어 세계적으로 알려진 탈춤이다.

먹중 탈

봉산탈춤의 한 장면

탈춤

봉산탈춤의 먹중

봉산탈춤의 영감 　　　강릉관노(江陵官奴)놀이 관청에 딸린 노비들이 하는 놀이로 대사가 없는 무인극이다.

고성오광대(비비새탈)

처용춤(처용탈)

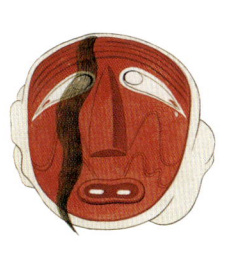
양주별산대(취발이)

봉산탈춤(취발이)

탈의 여러 종류

신앙과 놀이　179

통영오광대(統營五廣大) 경남 통영에 전승되는 탈놀이로 무형 문화재 제6호이다.

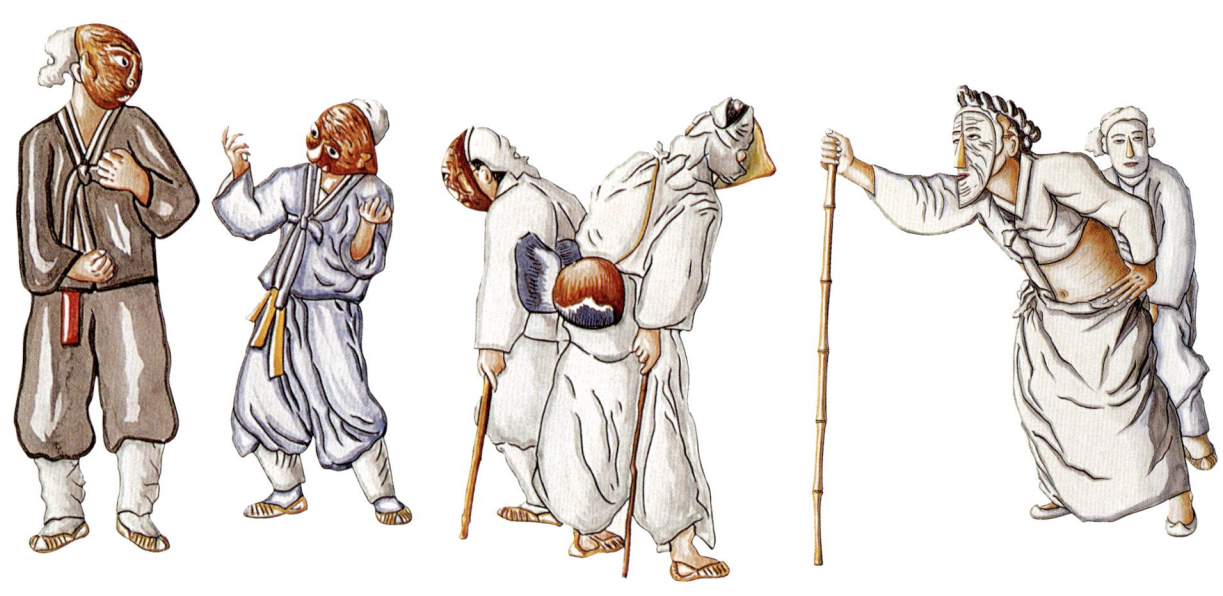

가산오광대(駕山五廣大) 경남 사천시 축동면 가산리에 전승되어 오는 가면극으로 중요 무형 문화재 제73호이다.

수영야유(水營野遊) 부산광역시 수영구 수영동에 전승되고 있는 탈놀이로, 중요 무형 문화재 제43호이다.

양주산대놀이 경기도 양주에 전승되고 있는 탈놀이로, 중요 무형 문화재 제2호이다.

신앙과 놀이 181

북청 사자놀음

북청 사자놀음은 함경남도 북청군에 전해 오는 민속 탈춤이다. 동물 탈이 등장하는 놀이여서 탈놀이 중에서도 색다르다. 해마다 북청 지방에서 정월대보름을 앞뒤로 하여 이 놀이가 행해졌다. 광복 이후에는 월남한 실향민에 의해 다시 공연되어 무형문화재 제15호로 지정되었다.

이 놀이의 목적은 마을에서 나쁜 귀신을 내쫓고 복을 불러들이는 데 있다. 우리 조상은 귀신도 사람처럼 사자를 두려워한다고 믿었다. 최치원이 사자춤을 보고 지은 시로 보아 신라 때부터 사자놀음이 있었음을 알 수 있다.

사자춤에는 사자탈과 사람 탈이 등장한다. 사자 머리는 종이로 만들고 몸통은 그물에 털실을 얽어서 만든다. 하나의 가면 밑에 두 사람이 숨어서, 한 사람은 사자의 앞발 노릇을 하고, 또 한 사람은 뒷발 노릇을 한다. 앞 사람을 '앞사', 뒷사람을 '뒷사' 라고 한다. 사자 몸뚱이는 그물이기 때문에 연기자는 바깥을 훤히 내다볼 수 있다.

사자놀음에는 사자 두 마리와 20명 정도의 연기자가 등장한다. 이 중 양반, 꼭쇠, 길잡이 등 다섯 사람이 탈을 쓴다.

사자놀음은 악기 가락과 장단에 맞춰 몇 가지 노래와 춤으로 시작된다. 그러다가 양반과 하인 꼭쇠가 등장한다. 꼭쇠는 양반의 명령에 따라 몇 가지 춤을 춘다. 그다음에 사자 두 마리가 나타나 춤과 재주를 보이다가 지쳐서 쓰러진다. 이때 스님이 등장하여 사자를 살리려고 경을 읽는다. 그러나 사자가 깨어나지 못한다. 의원이 나타나 침을 놓고 나서야 사자가 일어나 다시 춤을 춘다. 사자가 퇴장한 뒤에는 군중이 모여 군무를 추며 북청 지방 민요 '신고산타령' 을 부르고 나면 놀이가 끝난다.

북청 사자놀음

북청 사자놀음의 한 장면

국악기

국악은 우리 전통 음악을 말하며 서양 음악과 구별된다. 전통 음악에 쓰이는 악기는 국악을 연주하는 데 알맞도록 만들었다.

거문고는 고구려 왕산악이 중국 칠현금을 본떠 만든 것이다. 검은 학이 그 소리를 듣고 춤을 추었다는 기록이 전한다. 오동나무와 밤나무로 만들고 통 길이가 150센티이며, 너비는 18센티미터 정도이다. 통 위에 18개 괘가 있고, 6개 줄이 매어 있다. 오른손에 술대를 쥐고 줄을 내려치거나 거슬러 쳐서 소리를 낸다. 소리가 깊고 무겁다.

가야금은 가야국 가실왕이 우륵을 시켜 만들었다는 현악기다. 오동나무로 만들고, 열두 줄에 열두 개 기러기발이 있다. 손으로 줄을 튀겨 소리를 내는데 음색이 부드럽고 아름답다.

아쟁은 고려시대부터 전해 오는 현악기다. 가야금보다 통이 크고, 줄도 굵으며 일곱 개 줄을 기러기발로 받치고 있다. 활대로 긁어서 소리를 내는데 낮은 음을 내며 장중하고 억센 음색을 지니고 있다.

양금은 원래 아라비아 악기인데 조선시대 청나라를 통해서 들어왔다. 사다리꼴로 된 넓적한 상자 모양 통 위에 놋쇠로 만든 줄을, 한 벌에 네 줄씩 모두 14벌 얹어 대나무로 만든 채로 두드려서 소리를 낸다.

이 밖에 국악 현악기로 해금·금·슬 등이 있다. 대금은 대나무로 만든 목관악기로 젓대라고도 한다. 같은 종류의 대나무 악기, 중금·소금을 합쳐서 삼죽이라 한다. 그중 가장 큰 것이 대금이다. 손구멍(지공) 여섯이 뚫려 있고, 음률을 조절하는 두 개의 구멍이 더 있다.

이 밖에 단소·향피리·태평소(날나리)·퉁소 등은 입으로 부는 목관악기이다. 편종은 소리높이가 다른 종을 8개씩 두 단에 나누어 달고, 쇠뿔로 만든 각퇴로 쳐서 소리를 낸다. 편경은 세종 때 박연이 만든 것으로 경석이라는 돌을 편경처럼 매단 악기다.

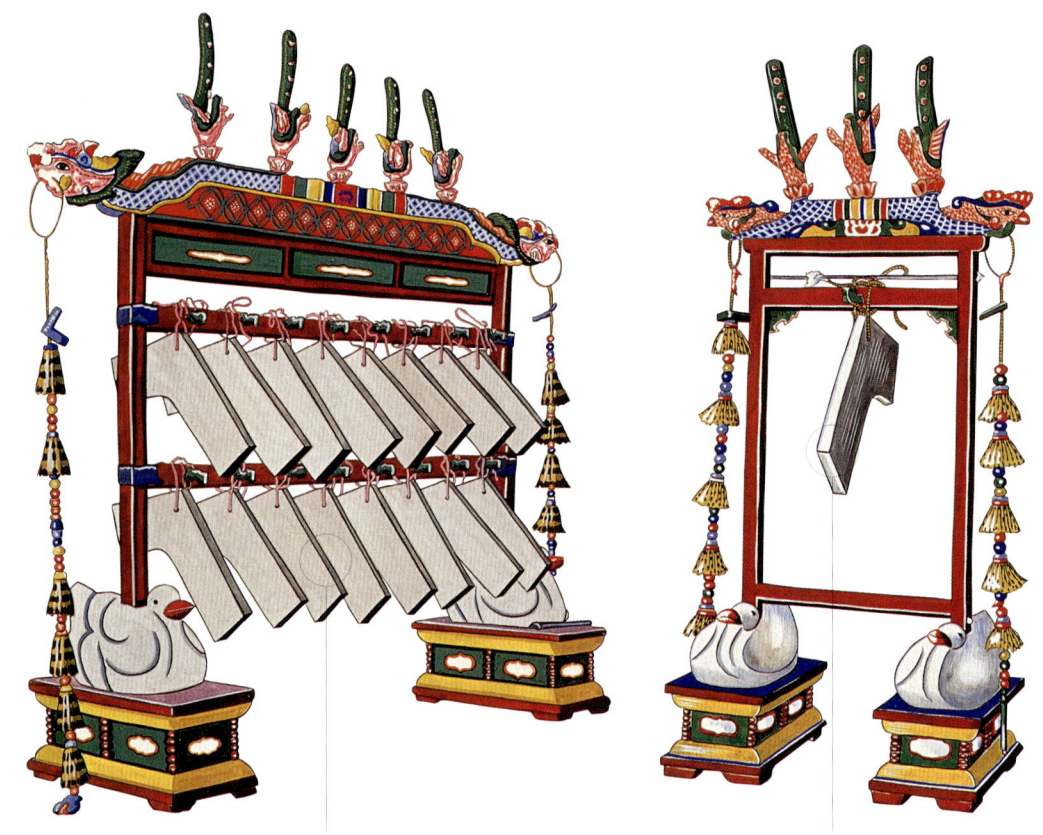

편경(編磬) 'ㄱ'자 모양의 돌 열 여섯개를 두 단으로 된 나무틀에 매달아 놓고 친다.   **특경(特磬)** 큰 돌 하나만 매달아 놓고 친다.

국악기

삭고(朔鼓) 조회와 연향 때 음악의 시작을 알리는 데 쓰인다. 틀 위 중앙에 해 모양을 그리고 흰색으로 칠한 점이 특징이다.

향비파 울림통 위에 다섯 개의 줄이 열두 개의 괘에 얹혀 있다.

월금(月琴) 작은 울림통에 세로로 대를 세우고 울림통과 대를 두 개의 줄로 연결하였다.

와공후 누워 있는 공후라는 뜻으로 둥글게 굽어 있는 울림통 위에 열세 개의 줄이 비스듬히 누워 있다.

신앙과 놀이 185

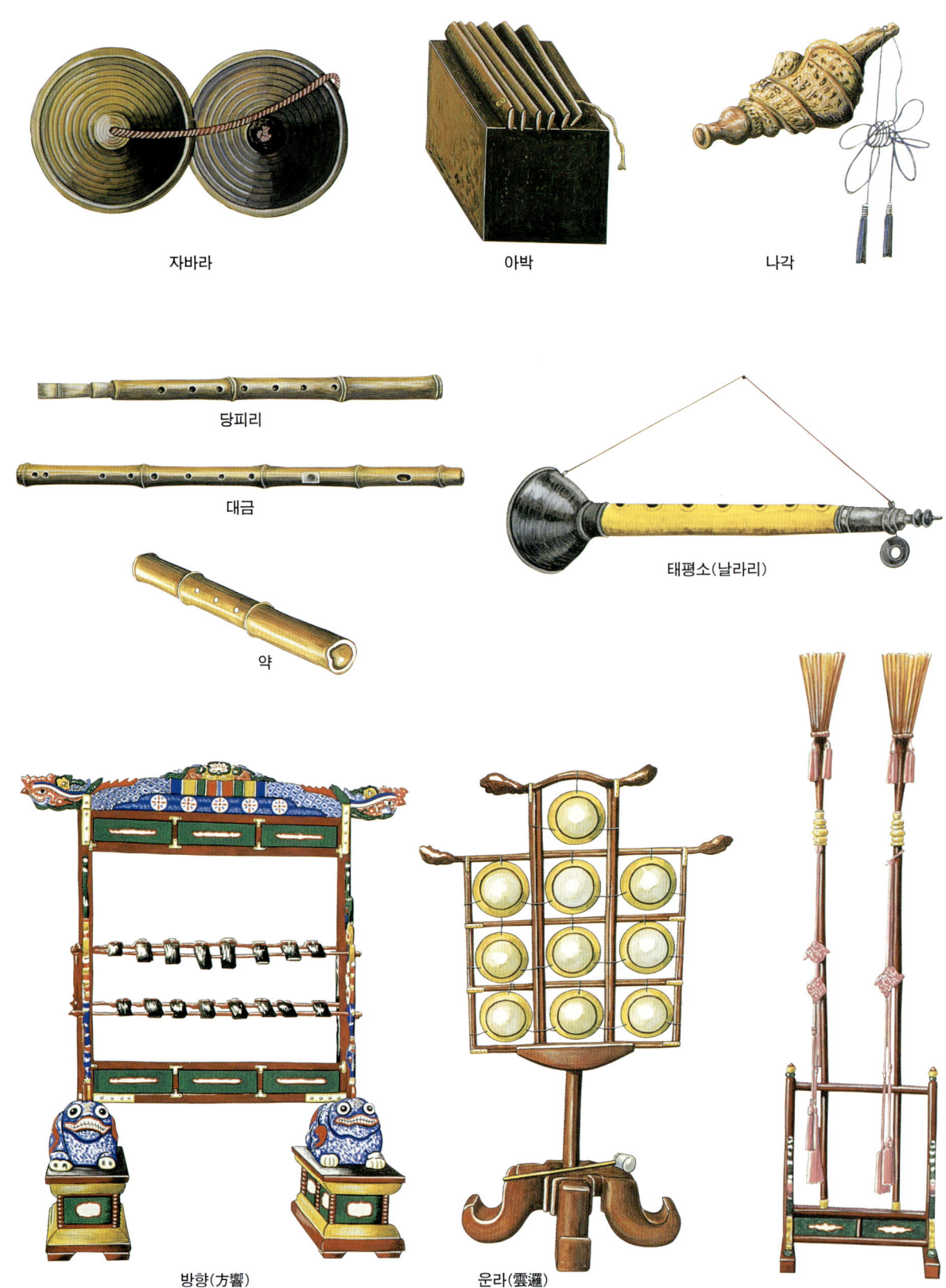

국악기의 여러 종류

국악기의 여러 종류

찾아보기

ㄱ

가마 34~37
가마뚜껑 34
가마솥 16
가마채 34
가맛바탕 34
가산오광대 180
가죽신 87
각대 74
갑옷 138, 139
갓집 124, 125
강씨부인 159
거북선연 176
거북연 177
건고 187
검무복 141
경대 126, 127
경상 104, 105
고 170
고배 67
고성 오광대 168, 169
고싸움 170, 171
곽곽선생 158
관모 76, 77
관성제 157
관연 176
국수발연 177
국악기 184~187
군악복 140, 141
군웅대신 158
굴뚱 82
굴뚝 22, 23
굿 164, 165
귀머거리연 177
금꼭지연 177
금대 75
금줄 167

기와집 14, 15
기호신장 158
김칫독 16

ㄴ

나각 186
나옹님 157
날실 81
남녀 34
남립연 176
남바위 78, 79
남사당놀이 172, 173
노고 187
노리개 88, 89
논깔허리동이연 176
놋화로 49
뇌고 187
눈깔귀머거리장군연 177
눈깔머리동이연 177
눈썹대 81

ㄷ

다식판 50, 51
단군신 158
단선 129, 130
단층 123
달구지 38, 39
닭장 30, 31
담배합 111
담뱃대 111
당산나무 166
당의 93
당피리 186
대고 187
대금 186

대륜 128, 129
대포 147
덩 34
도르래 42
도자기 62, 63
도투마리 81
독 18
돈궤 116, 117
돈점박이연 176
돌절구 44, 45
돌화로 49
동방 99
돼지우리 26, 27
되 54
됫박 54
두레박 42
두루마리 개판 104
뒤주 52, 53
뒷간 20, 21
등잔 112, 113
등토시 101
디딜방아 45
따리 42

ㅁ

막새기와 14
말코 81
망새 14
매미연 177
맷돌 46, 47
먹꼭지연 177
먹반달연 177
먹통 106, 107
면류관 76
모(창) 146
목어 32, 33

목탁 32, 33
목화 87
무기 146, 147
무당 164
무쇠솥 56
무신도 154~159
무학대사 157
문갑 114, 115
문관 158
문어연 177
문자연 176
물레 82, 83
물레바퀴 82
물레방아 11
물지게 42
물통 42
민속 자료 찾아보기 188
민중전 159
민충정공 각대 75

ㅂ

바늘 90
바둑연 177
바둑판연 177
바디집 81
박쥐연 176, 177
반닫이 118, 119
반머리동이연 177
반톱니발연 177
방향 186
백목화 87
백혜 87
뱁댕이 81
버나 173
베틀 80, 81
베틀신 81

벼루 108, 109
별꼭지연 176
병 63
보고 34
보꾹 69
보라머리동이연 177
복두 76, 77
봉황연 176
부뚜막 16
부삽 48
부선 143
부싯돌 지갑 111
부엌 16
부임군 송씨 159
부적 162, 163
부젓가락 48
부채 128~131
부티 81
북 81, 84, 85
북데기 26
북청 사자놀음 182, 183
불화살 147
붓과 필통 109
비늘연 176
비비새탈 179
비취대 75

ㅅ

사령대 142
사령선 142
사면스님 157
사명기 144
사방탁자 120, 121
사인교 34
삭고 185
산봉산눈쟁이연 176

살강 16
삼불제석 156
삼색연 176
삼작노리개 88
삼지창 147
삼층장 123
서낭나무 166
서낭당 166, 167
서안 104, 105
석각대 75
송액연 176
쇠바퀴 수레 39
쇠자갑 139
수복연 176
수영야유 181
수저와 수젓집 58, 59
수키와 14
수혜 87
숟가락 58
승복 98, 99
시렁 16
신대 81
신라 토기 66, 67
신선로 60, 61
신장 158
실꾸리 85
실패 91
쌍나비연 176
쌍승자총통 147

ㅇ

아궁이 17
아박 186
아얌 78
앉을깨 81
알둥지 30, 31

암키와 14
액막이연 176
약 186
약연 70
약작두 69
약장 69
약저울 69
약틀 68
양주산대놀이 181
언월도 147
여물통 28
연 34
연가 22, 23
연놀이 174~177
연자매 44
열구자탕 60
오각대 75
오동치마연 176
오방신장 155
오색줄연 176
옥대 75
옹자배기 16
와공후 185
와당 14
외양간 28, 29
용고 187
용두머리 81
용린갑 138
용마름 10
용선 129
용연 176
우마차 38, 39
우물 42, 43
우물가 42
운라 186
운혜 86, 87
원앙연 176

월금 185
이엉 10
이층장 123
이훼의 사당화 159
익선관 76, 77
인두 90, 91
인형연 176
일월신 156

ㅈ

자물쇠 24, 25
자바라 186
작두마지 154
장독대 18, 19
장롱 122, 123
장병겸 147
장삼 99
장석·가구문양 132~135
재떨이 111
재래종닭 30, 31
재봉틀 91
전선 143
절고 187
절구 44, 45
절굿공이 44
절첩관 77
점박이연 177
접시연 176
젓가락 58
제관 77
제비연 176
조바위 78, 79
조총 147
족두리 96, 97
좌고 187
줄타기 173

쥘부채 128
지옥도 160, 161
지휘도 147
진주선 131
질솥 56
짚신 87

ㅊ

차꼬 151
차륜토기 67
찬합 64
창부씨 158
채여 34, 35
처용탈 179
천신 158
청꼭지연 177
청룡언월도 146
청머리동이연 177
청점박이연 176
체전부제모 77
초가 10~13
초가삼간 10, 12
초립 77
축 187
취발이 179
칠성신 156

ㅋ

칼 150

ㅌ

태극연 176
태사혜 86
태을천사대장군 158

태평소 186
털모자 77
털토시 101
토시 100, 101
토우 67
토종닭 30, 31
톱니발연 177
톱니연 176
통영오광대 180
투구 148, 149
투창 66
특경 184

화로 48, 49
화로전 48
화살통 147
화차 147
화형인두 151
흑립 77
흑피혜 86, 87
흰연 176

ㅍ

팔색연 176
편경 184

ㅎ

학정대 75
항아리 18, 63
향비파 185
형구 150, 151
형틀의자 151
호귀아씨 159
호랑나비연 176
호랑이연 177
호롱 112
호준포 147
혼례복 92~95
홍꼭지연 177
홍머리동이연 177
홍반달연 177
홍이포 147
홍점박이연 176
화덕장군 158